からだがよろこぶ、でも簡単！

麹でミニマルレシピ

Nadia Collection

あやか

KADOKAWA

はじめに

　はじめまして。

　料理家・発酵食エキスパートのあやかです。私は料理メディア「Nadia」やInstagramなどのSNSを中心に、手作りの麹調味料と旬の野菜を使った料理を発信しています。

　「からだの不調」や「心の乱れからくる過食」に悩まされ、そんな自分の心とからだを変えたいと思っていたころに出合ったのが「麹」でした。そして、麹調味料を使った料理の美味しさに感動し、麹の沼にどんどんハマって今に至ります。

　麹というと、何となく健康によいというイメージがあると思いますが、その効果は想像以上！　私自身、麹生活を続け、長年悩んできた肌あれなどのトラブルが減って、便秘やだるさなどの不調も改善され、体調を崩しにくくなりました。また、心が安定してストレスを感じにくくなり、自然と過食に走ることがなくなりました。今では夫から「あやちゃん、麹生活をはじめてから、より穏やかで優しくなったよね」といわれるほど（そんな、ぷりぷりってしてたかな？　笑）。

　私のレシピでは、食材の美味しさを最大限に活かすために、なるべく調味料や工程をシンプルにしています。旨みたっぷりの麹調味料に出合い、「料理は手間をかけたら美味しくなる」という考えから、「シンプルでも十分美味しい」という考えに変わりました。また、その時期にからだが求めている栄養がたっぷり含まれた、旬の食材をたくさん使っているので、ヘルシーで栄養も満点です。できるだけ野菜は旬のものを使っていただくと、栄養も豊富で季節の移ろいを楽しむという贅沢を感じていただけると思います。

　麹と聞くと、「ハードルが高い」「難しい」「興味はあるけれど、何から手をつけたらいいかわからない」と思うかもしれません。しかし実際は、麹調味料だけで味が決まるので、自然と材料は少なく、調理工程はシンプルになり、毎日の料理の負担は軽減します。

　本書のレシピでは、特に手軽で簡単、それでいて美味しい麹料理にこだわってレシピを考案しているので、ぜひ忙しい人や料理が苦手な人ほど、麹を取り入れてほしいなと思います。

　そして何より、私自身に起きた、うれしいからだと心の変化を、ぜひみなさまにも感じていただき、麹を通して、健康で豊かになることを、一人でも多くの方に実感していただけたらなと思っています。

　「子どもに健康的なごはんを食べさせたい」「忙しいから、料理を楽に作りたい」「からだや肌の不調を改善したい」、そうしたいろんな悩みを持つ方々にとって、少しでもこの本が役に立ちますように。
　この本に出合ってくださり、感謝です。

料理家・発酵食エキスパート
あやか

Contents

2_ はじめに

8_ 「麹でミニマルレシピ」のココがすごい！

10_ 麹でからだの中から美しく

12_ 基本の材料と発酵方法

13_ 本書の活用法

14_ あると便利な2つの手作り調味料

STAFF

制作協力/葛城嘉紀、黒澤佳、八尾萌恵(Nadia株式会社)
写真／木村正史(カバー、P1-11)、あやか(料理)
デザイン/大塚勤(comboin)
DTP /大島歌織
編集/上野真依
校正/一條正人

Nadia Collection とは

プロの料理家のおいしいレシピが集まる料理メディア「Nadia」を舞台に、食で自己表現をするクリエイター「Nadia Artist (ナディアアーティスト)」を主役とした「Nadia」×「KADOKAWA」の書籍シリーズです。インターネットだけでなく、紙媒体である書籍でも食の情報をアウトプットすることで、Nadia Artist の新しい活躍の場を生み出していきます。

Part 1

オールラウンドに使える
基本の麹調味料

「塩麹」を使ったおかず

16_ 「塩麹」の作り方

18_ 塩麹ローストポーク

20_ シンプルチンジャオロース―

21_ 自家製ベーコン風

22_ よだれなす豚

23_ 鶏むねのねぎ塩ペッパー

24_ かぶと鶏手羽元の参鶏湯

25_ 冬瓜のだしカレーそぼろ煮

26_ 白身魚のアクアパッツァ風

28_ 白身魚のハーブグリル

29_ 鯛の昆布締め

30_ サーモンレアカツ

31_ タコとじゃがいものジェノベーゼ

32_ ホタテの柑橘カルパッチョ

33_ トロかぶのあさりバター

34_ 長いも餅チーチヂミ

35_ もちぷる大根餅

36_ さつまいものほうじ茶おこわ

37_ 塩麹豆ごはん

38_ 丸ごとピーマンとツナの炊き込みごはん

39_ 青菜しらすごはん

40_ カマンベールトマトの罪深いやつ

41_ トマトとバジルの塩麹マリネ

42_ ゴロゴロ野菜のラタトゥイユ

43_ アスパラガスのカルボナーラ

44_ きゅうりと茗荷の塩麹浅漬け

45_ ズッキーニの海苔ちりめんナムル

46_ ピーマンオムレツ

47_ とろっとろ長ねぎオイル蒸し

48_ 柿キャロットラペ

49_ 新玉ねぎとオレンジの生ハムマリネ

50_ 小松菜の梅和え

51_ 紫キャベツとオレンジのマリネ

52_ カルダモン香る桃モッツァレラ

53_ 自家製マヨネーズ

54_ 大葉ジェノベーゼソース

Part 2

旨み成分たっぷりでプロの味に！
「醤油麹」を使ったおかず

56_ 「醤油麹」の作り方

58_ 夏野菜の醤油麹ソース重ね蒸し

59_ 豚トロのわさび醤油麹

60_ 薬味だく鶏むね梅南蛮

61_ ねぎダレ水晶鶏

62_ 丸ごと牡蠣の焼き餃子

64_ 麻婆なすグラタン

65_ 厚揚げれんこんタルタル

66_ お手軽ルーロー飯

67_ アボカドサーモンのポキ丼

68_ ねぎだく納豆ガパオ

69_ しらすとミニトマトのお揚げピザ

70_ ピリ辛醤油麹の豆乳つけそば

71_ エスニック和え麺

72_ しっとり柔らかバンバンジー

73_ 白ねぎサーモンの醤油麹コチュマヨ

74_ 大葉香るよだれなす

75_ レンチンなすユッケ

76_ アボタコモッツァレラ

77_ タコとトマトの醤油麹マリネ

78_ ブロッコリーと卵の醤油おかかマヨ

79_ 新玉ねぎのステーキ

80_ アボカドと茗荷のマヨ辛醤油麹和え

81_ アボカドと玉ねぎとささみの和えもの

82_ 小松なっとうごま和え

83_ パリパリピーマンとピリ辛納豆味噌

84_ かぼちゃとごぼうのデリ風サラダ

85_ 甘辛ほっくりごまかぼちゃ

86_ 旨辛ポリポリきゅうり

87_ 山形の郷土料理「アレンジだし」

88_ 切り干し大根の発酵マヨサラダ

88_ 黒豆マスカルポーネ

Part 3

甘くて奥深い味わいの和風コンソメ

「玉ねぎ麹」を使ったおかず

90_ 「玉ねぎ麹」の作り方
92_ だしを使わない麹肉じゃが
93_ ピリ辛ごまみそ豆乳鍋
94_ 巻かないロールキャベツ
95_ 白菜だくしゅうまい
96_ 甘辛ごぼうつくね
97_ 秋鮭と舞茸のクリーム煮
98_ かぼちゃと長ねぎのドフィノワ風
99_ れんこんチーズガレット
100_ 海老グラタン
102_ 麹カオマンガイ
103_ そら豆リゾット
104_ 菜の花のマヨマスタードサンド
105_ 海老とブロッコリーのからしマヨ
106_ 菜の花の麹エチュベ
107_ 切り干し大根とわかめのナムル
107_ 玉ねぎ麹のコールスロー
108_ たっぷりキャベツの坦々スープ
109_ とうもろこしの癒されスープ
110_ 玉ねぎ麹ドレッシング

Part 4

中華料理を本格的な味わいに格上げ!

「中華麹」を使ったおかず

112_ 「中華麹」の作り方
114_ 豚大根の中華重ね蒸し
115_ 本格麻婆豆腐
116_ 豚ひき肉とかぶの麻婆
117_ 長いもの唐揚げ
118_ ジャージャー麺
119_ かぶ中華粥
120_ 中華風ねぎだく里いも
121_ 焼きズッキーニのツナ和え
121_ ほうれん草と切り干し大根の中華サラダ
122_ 水菜とサクサク油揚げの中華和え
123_ 中華じゃこブロッコリー
124_ にんじんの中華ナムル
124_ レタスの中華ナムル
125_ ユッケジャンスープ
126_ とろとろ白菜の旨塩スープ

Part 5

料理のマンネリ防止に大活躍

「にんにく麹」を
使ったおかず

128_ 「にんにく麹」の作り方

130_ 豚肉と玉ねぎのにんにく味噌炒め

131_ 豚キャベツ蒸し旨ねぎダレ

132_ カリカリ豚のサムギョプサル風

133_ コク旨辛キムチ鍋

134_ 鶏肉とキャベツのガーリック酒蒸し

135_ 生ハムキャベチー春巻き

136_ タコとレタスのペペロンチーノ

137_ 彩り野菜のビビンバ

138_ 半熟卵の新玉旨ダレ漬け

139_ 大人のタコポテサラ

140_ ハッセルバックポテト

141_ 青菜のにんにく麹炒め

141_ キャベツのにんにくアンチョビ炒め

142_ 焼き野菜のシーザーサラダ

Part 6

まだまだある変わり種麹！

「アレンジ麹」を
使ったおかずとおやつ

144_ 「納豆麹」

145_ 納豆麹チャーハン

146_ 納豆チーズオムレツ

147_ 納豆麹トースト

148_ 「カレー麹」

149_ 基本のカレーライス

150_ 鶏肉のスパイシーココナッツカレー

151_ タンドリーチキン

152_ 「自家製コチュジャン」

153_ 切り干し大根の腸活チャプチェ

154_ 薬味たっぷり韓国風冷しゃぶ

155_ コチュ味噌の焼きおにぎり

156_ 「リッチチョコレート麹」

157_ 濃厚チョコバナナアイス

158_ チョコレートムース

159_ ホットショコラドリンク

本書の注意点

● 電子レンジやオーブン、トースターなどの加熱時間は、お使いの機種やメーカーにより異なります。
　本書の時間を目安に、様子をみながら調節しましょう。
● 本書では、600Wの電子レンジを使用しています。500Wの場合は1.2倍、
　700Wの場合は0.8倍で計算し、様子をみながら加熱時間を調節しましょう。
● 炊飯器は、5合炊きの炊飯釜を使用しています。
　小さい炊飯釜を使用する場合は、吹きこぼれに注意し、分量を調節してください。
● 電子レンジを使用する際は、必ず耐熱性の容器や皿を使用しましょう。
● 計量単位は、大さじ1＝15ml、小さじ1＝5ml、1カップ＝200mlです。
● バターは有塩、しょうゆは濃口、味噌は米味噌を使用しています。
● 麹を保存する容器は、必ず煮沸消毒、またはアルコール消毒をした清潔な保存容器を使用してください。

「麹でミニマルレシピ」の

レシピを考えるとき、私が特にこだわっている8つのポイントをご紹介します。

Point 1
麹調味料だけで
味が決まる！

麹調味料自体に旨みがたっぷり含まれているので、余計な味つけは必要なし！自然と料理がシンプルで簡単になるので、料理の負担も軽減。料理が苦手な方や料理をする余裕がない方こそ、麹が強い味方となってくれます。

Point 2
和・洋・中、
どんな料理にも合う

麹調味料さえあれば、和・洋・中はもちろん、タイ料理や韓国料理など、世界中の料理だって再現可能！　料理のレパートリーが広がることで、料理や暮らしを楽しむ手段にもなります。

Point 3
肉や魚が漬ける
だけで美味しくなる

麹の酵素の力で、肉や魚の「旨み」や「甘み」が増し、「風味」もよくなるので、格段に美味しさがアップ。麹で下味をつけたら、焼いたり、蒸したりするだけの簡単調理で、十分に満たされる美味しさが味わえます。

Point 4
5つの麹調味料さえ
あればいい

本書のPart1からPart5でご紹介している基本の5つの調味料さえあれば、基本的な家庭料理は十分に美味しく作ることができます。Part6でご紹介しているアレンジ麹は、レシピの幅をさらに広げたい方におすすめです。

ココがすごい！

「気軽に麹料理を楽しみたい！」そんな方にぴったりのレシピになっています。

Point 5
野菜がたっぷりで栄養も満点

日々の料理には、たっぷりの野菜を使うことを心がけています。本書でご紹介しているメイン料理も、肉や魚などに野菜を加えた料理がたくさん。野菜や栄養不足に悩む方の味方になるはずです。

Point 6
工程がシンプルで作りやすい

私は、少ない調味料、少ない工程で、食材の美味しさを最大限に引き出すという調理法が好きです。そのため、自然と調理の工程や時間が短縮でき、料理が苦手な方や忙しい方におすすめのレシピになっています。

Point 7
料理のアイデア満載で作って楽しい

私のレシピは、定番料理はもちろん、斬新な食材の組み合わせやアイデアをたくさん盛り込んでいます。本書のレシピが、日々の料理の気づきになり、作る楽しさを感じてもらえたらうれしいです。

Point 8
盛りつけも美しく食卓が華やかに

フードコーディネーターの資格を持っているので、盛りつけの美しさにもこだわっています。見た目が美しいと、作る人も食べる人も楽しくなるはず。そんな食卓のときめきの気持ちも大切にしています。

麹

でからだの中から美しく

「麹」とは、米、麦、大豆などの穀物に「麹菌」を繁殖させたものです。健康や美容によいイメージがありますが、実際どのような働きがあるのか、実はよくわからないという人も多いはず。ここでは、麹の健康パワーについてご紹介します。

アミラーゼ

でんぷんをブドウ糖に分解し、甘みをアップさせる働きがある。

プロテアーゼ

たんぱく質をアミノ酸に分解し、食材の旨みを増してくれる。

リパーゼ

脂質を脂肪酸に分解し、食材の脂っぽさを抑えてよい香りが増す。

3つの酵素のパワーで健康きれいに

麹の健康パワーの秘訣は、「麹菌が作り出す酵素」の働きによるものです。「酵素」とは、主にたんぱく質で構成された、人間が生きていくうえで必要な、消化や吸収、代謝などの化学反応を促進する物質のこと。酵素の働きによって、こうしたからだの反応が活発になり、からだによい働きをもたらしてくれます。麹の酵素の中でも注目したいのは、「アミラーゼ」「プロテアーゼ」「リパーゼ」の3つの酵素。食材の旨みを引き上げるとともに、からだの中で食材を消化・吸収されやすい状態になるように栄養を分解してくれるので、胃腸の負担軽減にもなります。

こんなうれしい効果も！

1 美肌に近づく

麹に含まれる「ビタミンB群」は、肌の代謝を促し、美しい肌作りをサポートしてくれます。また、麹菌が作り出す「コウジ酸」は、シミやくすみの原因となるメラニン色素の働きを抑制してくれるので、美白効果が期待できます。さらに、麹に含まれる「抗酸化物質」が、老化の原因となる活性酸素の働きを抑え、老化を予防してくれます。

2 免疫力が向上する

麹調味料を取り入れて腸内環境が整うことにより、免疫細胞が活発化して、免疫力がアップするといわれています。また、麹はビタミンなども豊富なので、疲労回復にも効果的です。以前まで、2〜3ヶ月に1回は熱を出したり、体調不良になったりしていた私ですが、麹生活をはじめて以降、不調がほぼなくなりました。

3 便秘を予防・改善

麹の酵素によって生み出される「オリゴ糖」は、腸内の善玉菌の大好物。これをエサにして腸内の善玉菌が増え、腸内環境の改善につながります。腸内環境が整うことで、便秘を予防・改善できます。便秘解消のためには、食物繊維を摂ることも効果的ですが、本書でご紹介しているレシピは、野菜をたくさん使った食物繊維が豊富なレシピが多いので、さらに便秘の予防・改善に効果が期待できます。

4 心が安定する

腸と脳は密接に関係しており、腸内環境が改善すると、精神状態が安定するといわれています。私も、以前は「ストレスからお菓子を過食→腸内環境が乱れる→イライラする」という負のスパイラルから抜け出せない時期がありましたが、麹と出合ってからは、自然と定食スタイルの健康的な食事になり、お菓子を食べることが減って腸内環境が整い、心まで穏やかになりました。

基本の材料と発酵方法

麹調味料を作るときの基本となる材料と、発酵方法についてご紹介します。

材料

米麹

蒸したお米に麹菌を種付けし、繁殖させたもの。「乾燥米麹」と「生米麹」がありますが、2つの違いは水分量なので、どちらを使っても問題ありません。「乾燥米麹」は、手に入りやすく日持ちするのが特徴。「生米麹」は、常温発酵でも芯が残りにくいという特徴があるので、用途や好みによって使い分けましょう。

天然塩

塩麹などを作るときに使用する塩は、精製されていない天然塩を使うのがおすすめ。海水を原料に、製造工程に「天日」「平釜」などと書かれているような昔ながらの製法で作られているものを選びましょう。

水

浄水またはミネラルウォーターがおすすめです。アルカリイオン水は、発酵がうまく進まない可能性があるので避けたほうがベター。水道水の場合は、しっかりと煮沸してから、60度以下まで冷ましたものを使用してください。

基本の発酵方法

常温で発酵させる

はじめて作る方や機械を持っていない方でも作れる最も手軽な方法。1日1回かき混ぜるだけで、夏場で4日〜1週間、冬場だと10日〜2週間を目安に完成します。

ヨーグルトメーカーで発酵させる

たった8時間で作ることができるので、麹生活を続ける人はヨーグルトメーカーがあると便利。60度に設定して8時間、2〜3時間に1回かき混ぜて作ります。

腐る（腐敗）の目安

酸味の強い臭いや、麹調味料自体がすっぱくなってきたときと、赤、黒、青や緑色などのカビが発生したときが腐敗の目安です。ちなみに、カビが白色の場合は、「産膜酵母」と呼ばれるもので、身体には無害なので、その部分だけ取り除けば、使用に問題ありません。

本書の活用法

麹生活をはじめるための、本書の上手な活用法をご紹介します。
自分のペースに合わせて、無理なく麹調味料を取り入れましょう。

インデックスから
作りたい麹を検索！

ステップ 1
麹を作る

本書では基本の麹5種類と、アレンジ麹4種類の作り方とレシピをご紹介しています。まずは、基本の麹からはじめるのがおすすめ。一度に基本の5種類を作ってからスタートするもよし、気になる麹をまずは1種類作ることからはじめてもOKです。

美味しく作るコツや失敗しない
ポイントも丁寧に解説

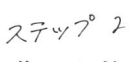

ステップ 2
作った麹を使って
料理を作る

章ごとに、それぞれの麹を使ったレシピをまとめてご紹介しています。自分が作った麹のレシピページをぺらぺらめくり、気になったものからぜひ作ってみてください。

作り方は全工程写真つきなので、
初心者さんも安心

保存瓶は必ず消毒してから使いましょう

煮沸消毒

鍋に耐熱容器が浸かるほどの水を入れ、鍋や容器が傷つかないように布巾を敷き、瓶を入れて火にかける。沸騰してから、中火で8分ほど煮て、自然乾燥させる。

アルコール消毒

しっかり洗って水気を拭き取った容器に、アルコールスプレーをかけ、自然乾燥または布巾で拭き取る（アルコールスプレーは、濃度70％以上のもので、食品に直接かけてもよいタイプがおすすめ）。

あると便利な2つの手作り調味料

本書でもたびたび登場する、私が愛用している2つの手作り調味料です。
市販品で代用しても問題なく作れますが、手作りするとさらに美味しく、
栄養価も高まるので、余裕があればぜひお試しください。

甘みと旨みの宝庫！

疲労回復・ダイエットにも

濃縮甘酒

材料（作りやすい分量）
乾燥米麹（生米麹でも可）…………………100g
炊いたごはん…………………………………100g
60度の湯……… 120ml（生米麹の場合は95ml 〜）

下準備
・米麹が固まっていれば、手でほぐす。
・保存容器はアルコール消毒などをして、
　清潔にしておく。

作り方
1　保存容器に炊いたごはん、米麹、60度の湯を
　入れ、全体をよく混ぜ合わせる。

2　ヨーグルトメーカーで発酵させる。
　・60度、10時間にセットし、スタートボタンを押す。
　・2 〜 3時間に1回ほど、全体を混ぜ合わせる。

保存期間
・冷蔵庫で約1週間
・冷凍庫で約1ヶ月

Point
・1 〜 2時間後にぐっと水分量が減るものの、こ
　こで水は足さなくてもOK。さらに発酵が進む
　と、水分量は戻ってくる。
・ブレンダーにかけると、より使いやすくなる。
・ジッパー付き保存袋に入れ、板状にして冷凍保
　存すると使いやすい。

発酵生姜

材料（作りやすい分量）
生姜………………………………………………約250g

作り方
1　生姜はよく洗い、キッチンペーパーで水気をしっかり拭き取る。

2　汚れた部分があればスプーンなどでこそげとり、皮ごとスライス
　する。

3　ミキサーなどで攪拌し、瓶にぎゅうぎゅうに詰める。空気が入らな
　いようにラップをしてフタを閉め、冷蔵庫で2週間放置する。

生姜を乳酸発酵させて
旨みと健康効果を促進

保存期間
・半年ほど

Point
・発酵期間の2週間は開けないようにする。
・生姜を倍量準備して、みじん切りやせん切りバー
　ジョンを常備しておくのもおすすめ。

Part 1

オールラウンドに使える基本の麹調味料

「塩麹」を
使ったおかず

米麹、塩、水を混ぜて発酵させて作る、最もシンプルな麹調味料。酵素の働きで素材の美味しさを底上げし、肉や魚をふっくら柔らかく仕上げてくれます。幅広く活用できるので、麹調味料をはじめて作るという人は、ぜひ塩麹からチャレンジしてみましょう。

「塩麹」の作り方

素材の旨みを引き出す万能調味料

作り方は、米麹と塩、水を混ぜるだけ。シンプルな工程ながら、酵素の働きで、食材の旨みを引き出す最高の調味料ができ上がります。焼く、煮る、炒める、和えると、どんな調理法ともよく合います。

でき上がりの目安
・塩気がまろやかになり、ほんのり甘い香りがする。
・米麹の粒が手でつぶれ、芯が残っていない。
・おかゆのように、トロっとしている。

材料（作りやすい分量）

乾燥米麹（生米麹でも可）……………………………… 200g
天然塩 ……………………… 70g（生米麹の場合は60g）
水 ………………………… 250ml（生米麹も同様）

下準備

・米麹が固まっていれば、手でほぐす。
・保存容器はアルコール消毒などをし、清潔にしておく。

作り方

1 ボウルに米麹と塩を入れて、混ぜ合わせる。

2 1を保存容器に移し、水を加え、全体をよく混ぜ合わせる。

3 軽くフタをのせ、常温、またはヨーグルトメーカーで発酵させる。

4 ＜常温で発酵させる場合＞
・1日1回かき混ぜる
・夏場だと4日〜1週間、冬場だと10日〜2週間を目安に直射日光の当たらない場所において保管する。
＜ヨーグルトメーカーで発酵させる場合＞
・60度、8時間にセットし、スタートボタンを押す。
・2〜3時間に1回かき混ぜる。

Point

・発酵後は米麹が水を吸収するので、水分量がへったら、米麹の頭が浸かる程度の水を足す（約10〜50mlが目安）。
・塩は精製塩ではなく、天然塩がおすすめ。
・米麹は手で扱うことで、手の常在菌が入り、自分のからだに合った調味料になる（清潔な手で行うこと）。
・容器はガラスやホーロー製のものがおすすめ。
・発酵時は、発酵ガスによる破裂を防ぐため、フタを軽くのせる程度にする（ほこりが気になる場合は、キッチンペーパーをかぶせて輪ゴムで留める）。

塩麹の酵素の力で旨みを凝縮！

しっとりジューシーに

塩麹ローストポーク

材料（2人分）

豚バラ塊肉(厚さ4.5cm・豚肩ロース肉でも可) ……… 400g
A┌**塩麹** ……………………………………………… 大さじ3
 └にんにく（すりおろし） ……………………… 2かけ分
お好みの野菜 …………………………………………… 適量
カマンベールチーズ …………………………………… 適量
オリーブオイル・岩塩・ブラックペッパー ………… 各適量

下準備

・天板にオーブンシートを敷く。
・オーブンを200度に予熱する。
・野菜は、大きめのひと口大に切る。

作り方

Memo

・豚肉はオーブン加熱の1時間前に常温に戻しておくこと。
・加熱直後にカットすると肉汁があふれるので、余熱で休ませる。

1 豚肉はフォークなどで数ヶ所穴を開け、全面にAを塗り、ラップなどで包んで3時間～ひと晩おく。

2 天板の中心に1の豚肉をのせ、まわりに野菜とチーズを敷き詰める。

3 野菜にオリーブオイル、岩塩、ブラックペッパーをふり、豚肉にブラックペッパーをふる。

4 200度のオーブンで35分焼き、そのまま庫内で30分おく。豚肉を切り分けて天板に戻す。

シンプルチンジャオロースー

材料（2人分）

ピーマン	2〜3個
たけのこ水煮（せん切り）	120g
豚こま切れ肉	100g
塩麹	小さじ2
A［醤油・オイスターソース	各大さじ1/2
片栗粉	小さじ1
米油	大さじ1/2

下準備

・ピーマンはヘタと種を除き、細切りにする。

作り方

豚肉は塩麹にもみ込んで15分以上おき、片栗粉をまぶす。フライパンに米油を入れて中火にかけ、豚肉の色が変わるまで炒める。

1

ピーマン、たけのこを加え、さっと炒める。

2

Aを加えて絡める。

3

タレが絡んだお肉が絶品
シャキシャキ野菜がアクセント

Memo

・豚肉に片栗粉をまぶすことで、肉が保湿されてタレがしっかり絡む。
・たけのこがない場合は、ピーマンだけでも◎。その場合、ピーマンの分量を増やす。

自家製ベーコン風

材料（2人分）

豚バラ塊肉（厚さ4.5cm）……… 400g
塩麹 ……………………………… 大さじ3
アールグレイ（ティーバッグ）
……………………………………… 2パック
麦茶（お茶パック）……………… 1パック

下準備

・オーブンを120度に予熱する。

余っている紅茶パックを使って
手軽におうちで燻製風に！

作り方

1 豚肉はフォークなどで数ヶ所穴を開け、塩麹をもみ込み、ラップまたはポリ袋などに入れて冷蔵庫でひと晩〜1日おく。

2 天板にオーブンシートを敷いて、アールグレイと麦茶の茶葉の中身を広げ、網をのせる。

3 2の上に豚肉をのせ、120度のオーブンで90分焼き、そのまま庫内で30分おく。

4 食べやすい大きさに切る。

Memo

・麹調味料は焦げやすいので、焼く前に、塩麹を少し拭き取ると焦げ防止になる。

21

よだれなす豚

レンチンでお手軽＆ヘルシー

豆板醤の辛みがアクセント

材料（2人分）

豚ロース肉（しゃぶしゃぶ用）	150g
なす	2本（約170g）
塩麹・ごま油	各大さじ1
A ┌ ぽん酢醤油	大さじ1
├ 醤油麹（醤油大さじ1でも代用可）	大さじ1
├ てんさい糖	大さじ1/2
└ 豆板醤	小さじ1/4
大葉	4枚ほど
炒りごま（白）	適量

下準備

・なすは、ヘタを切り落として縦半分に
　切り、さらに1cm幅に切る。
・大葉は、せん切りにする。
・小ボウルに、Aを混ぜ合わせる。

Memo

・なすに油を絡ませてか
　らレンジ加熱すると、き
　れいな紫色に仕上がる。

作り方

1 豚肉に塩麹をもみ込
み、15分ほどおく。

2 耐熱ボウルになすを入
れてごま油を絡める。

3 2に1の豚肉をのせて
ふんわりラップをし、
600Wの電子レンジ
で4分50秒加熱する。

4 器に盛ってAを回し
かけ、炒りごまをふっ
て、大葉を添える。

鶏むねのねぎ塩ペッパー

材料（2人分）

鶏むね肉	1枚（約300g）
塩麹	大さじ1
┌ 長ねぎ（白い部分）	1/2本（約70g）
│ ごま油	大さじ2
A **塩麹**	大さじ1
│ レモン汁	小さじ1
└ ブラックペッパー	たっぷり
レタス（せん切り）	適量
かぼす	適宜

下準備

・長ねぎは、みじん切りにする。

作り方

1 鶏肉に塩麹をもみ込み、30分以上おく。鍋に鶏肉、水を入れて火にかけ、沸騰する直前でごく弱火にして2分ゆで、裏返してさらに2分ゆでる。火を止め、フタをして30分以上おき、中まで火を通す。

2 ボウルにAを混ぜ合わせ、ラップはせずに、600Wの電子レンジで1分加熱する。

3 器にレタス、スライスした鶏肉を盛り、2をかけ、かぼすを添える。

Memo

・鶏むね肉は、ふつふつさせない程度の火加減でゆでることで、身が縮まらず、柔らかくゆで上がる。
・鶏むね肉をゆでた汁は、中華スープにするのもおすすめ。

ねぎ塩ダレがクセになる
ごはんもお酒もすすむひと品

23

かぶと鶏手羽元の参鶏湯^{サムゲタン}

材料（2人分）

鶏手羽元 ……………… 6本（約400g）
かぶ（小・葉つき） ……………… 3個
塩麹 ……………… 大さじ2
A ┌ 米・クコの実 ……………… 各大さじ1
　├ 水 ……………… 600ml
　└ 酒 ……………… 50ml
塩・ブラックペッパー ……………… 各適量

下準備

・かぶは実の部分を4等分のくし切り、
　葉の部分を4cm長さに切る。
・鶏手羽元は骨に沿って切り込みを入
　れる。

> ### Memo
>
> ・鶏手羽元は骨に沿って
> 切り込みを入れること
> で、旨みが出やすくなる。

鍋に入れてほうっておくだけ！
鶏の旨みがスープに溶け出す

作り方

1 鶏手羽先は、塩麹を
もみ込んで30分〜1
時間ほどおく。鍋に
鶏手羽元を塩麹ごと
入れ、かぶの実、Aを
加えて火にかける。

2 沸騰したらアクを取り、
フタをして、弱めの中火
で25〜30分煮込む。

3 かぶの葉を加え、塩、
ブラックペッパーで味
を調える。

冬瓜のだしカレーそぼろ煮

材料（2人分）

冬瓜	1/8個（約400g）
鶏ひき肉	100g
塩麹	小さじ1
A［だし汁	400ml
カレー粉・みりん・酒	各大さじ1
醤油	小さじ1
発酵生姜（すりおろし生姜大さじ1 でも代用可）	大さじ1
B［片栗粉・水	各大さじ1
米油	小さじ1
小ねぎ（小口切り）	適量

下準備

・冬瓜はスプーンなどで種を取り除き、皮をむいて、ひと口大に切る。
・Bを混ぜ合わせて、水溶き片栗粉を作る。

カレー風味の優しい味わい
汁まで飲み干したい美味しさ

Memo

・落としブタをすると、味が染み込みやすくなる。

作り方

1 ひき肉は、塩麹をもみ込んで15分ほどおく。鍋に米油を入れて中火にかけ、ひき肉を炒める。

2 冬瓜、Aを加え、落としブタをして、弱めの中火で10分煮る。

3 Bを加えて混ぜ、中火にし、とろみが安定するまで1分煮る。

4 器に盛り、小ねぎを散らす。

25

包んで蒸すだけ！
忙しい日の強い味方

白身魚のアクアパッツァ風

材料（2人分）

白身魚（今回はたらを使用）	2切れ		塩麹	小さじ2
あさり（殻つき）	10 〜 12個（約60g）	A	オリーブオイル	大さじ2
ミニトマト	6個		白ワイン（酒大さじ2でも代用可）	大さじ2
しめじ	70g		ブラックペッパー	適量
ブラックオリーブ	適量		三つ葉	適宜
にんにく（スライス）	1かけ分			

下準備

・ミニトマトは半分に切る。
・しめじは石づきを切り落とし、手で割る。
・あさりは、砂抜きをし（平らのバットに、あさり、3%濃度の塩水〈水500ml、塩大さじ1が目安〉を入れ、数ヶ所穴を開けたアルミホイルをかぶせて1時間ほど放置する）、 殻を擦るようにして洗い流す。

作り方

1 白身魚は水気をしっかり拭き取る。耐熱皿にクッキングシートを敷いて、塩麹を塗り、時間があれば、10分ほどおく。

2 三つ葉以外の材料すべてをのせる。

3 Aを回しかける。

4 クッキングシートの両端をねじってキャンディ包みにし、600Wの電子レンジで3分加熱する。

5 取り出して包んだまま3分蒸らし、仕上げに三つ葉を添える。

白身魚のハーブグリル

サクッと香ばしい白身魚にハーブがさわやかに香る

材料（2人分）

白身魚（今回はたらを使用）……2切れ
塩麹 …………………………… 大さじ1と1/2
A ┌ パン粉・粉チーズ ……… 各大さじ1
　└ タイム … 6枝ほど（お好みの量で◎）
レモン ………………………………… 適宜

下準備

・白身魚は、キッチンペーパーなどで
　水気をしっかり拭き取る。
・オーブンを220度に予熱する。
・タイムは、枝から葉を外す。

作り方

1 白身魚の両面に塩麹を塗る。

2 小ボウルに、Aを入れて混ぜる。

3 耐熱容器に白身魚を入れて2をのせ、余ったタイムを添える。220度のオーブンで10〜13分ほど、よい焼き色がつくまで焼く。

4 お好みでレモンを添える。

鯛の昆布締め

材料（2人分）

鯛（刺身用）	1柵（約100g）
塩麹	大さじ1強
昆布	約10×15cmを2枚
	（鯛を挟めるくらいの長さ）
酒	適量
レモン	適量

下準備

・鯛は、キッチンペーパーで水気を
　しっかり拭き取り、そぎ切りにする。
・昆布に酒を少量ふり、湿らせる。

作り方

1 ラップを広げ、その上に昆布をおく。鯛を並べて塩麹半量を塗り、裏返して、残りの塩麹を塗る。鯛を挟むように昆布をのせる。

2 ラップで包み、冷蔵庫で3時間〜ひと晩おく。

3 器に盛り、レモンの皮を削り、レモンを添える。

塩麹と昆布の旨みで深みのある味わいに

Memo

・鯛に、塩麹と昆布の旨みが移って食感がもっちりとなり、弾力がアップ！ 普通のお刺身がさらに美味しくなる。

サーモンレアカツ

普段のサーモンがリッチなおかずに格上げ

材料（2人分）

サーモン（刺身用）	1柵（約130g）
塩麹	小さじ2
米粉（薄力粉でも代用可）・パン粉	各適量
溶き卵	卵1/2個分
A ┌ きゅうりのピクルス（市販）	約25g
│ マヨネーズ・プレーンヨーグルト	各大さじ1
│ 白ワインビネガー	小さじ1/4
└ こしょう	適量
米油	適量
お好みの柑橘	適宜
お好みのハーブ	適宜

下準備

・きゅうりのピクルスは、みじん切りにする。
・小ボウルにAを入れて混ぜ合わせ、タルタルソースを作る。

Memo

・サーモンは揚げてからそのまま放置しておくと、完全に火が入ってしまうので、レア感を残すため油を切ったらできるだけ早めに切り分ける。
・高めの温度の揚げ油で揚げると、サクっと仕上がる。

作り方

1 サーモンは塩麹をもみ込み、ラップまたはポリ袋などに入れて30分以上おく。

2 サーモンに、米粉→溶き卵→パン粉の順にまぶす。

3 フライパンに、鍋底から1.5cm高さほどの米油を入れて火にかける。170〜180度で、2を入れて20〜25秒ほど揚げ、裏返してさらに20秒ほど揚げる。

4 揚げ物バットなどにあげて油を切り、食べやすい大きさに切る。器に盛り、下準備で作ったタルタルソースをかけ、お好みの柑橘、ハーブを添える。

タコとじゃがいものジェノベーゼ

材料（2人分）

ゆでタコ	約200g
じゃがいも	2〜3個（約250g）
大葉ジェノベーゼソース	
（P54参照[塩麹使用]）	大さじ2
塩・こしょう	各適量
米油	大さじ1

下準備

・タコは、ひと口大に切る。

作り方

1 じゃがいもは、柔らかくなるまでせいろなどで蒸す、またはゆでる。皮をむいて芽を取り、ひと口大に切る。

2 フライパンに米油を入れて中火にかけ、じゃがいも、タコを加えて軽く炒める。

3 大葉ジェノベーゼソースを加えて絡める。

4 塩・こしょうで味を調える。

おもてなしにぴったりなおしゃれなひと品

Memo

・じゃがいもは、ホクホク感がある男爵がおすすめ。

ホタテの柑橘カルパッチョ

さわやかな香り漂う
リッチな大人のおつまみ

材料（2人分）

ホタテ ……………………………… 8個
塩 …………………………………… ひとつまみ
A ┌ かぼす ……………………… 1/2個（ソース用）
　│ オリーブオイル ……… 大さじ1と1/2
　└ **塩麹** ………………………… 大さじ1
かぼす ……………………………… 1/2個（飾り用）

下準備

・ホタテはキッチンペーパーなどで水
　気をしっかり拭き取る。
・ソース用のかぼす1/2個は、果汁を絞
　り、皮はみじん切りにする。
・飾り用のかぼす1/2個は、スライスし
　てさらに半分に切る。

作り方

_1_ ホタテは厚みを半分
に切る。

_2_ ボウルに、Aを混ぜ合
わせる。

_3_ 器にホタテ、かぼすを
並べ、塩をふる。

_4_ 3に2のソースをかけ
る。

トロかぶのあさりバター

材料（2人分）

かぶ（小）	2個
あさり（殻つき）	200g
A ┌ 酒	大さじ2
├ **塩麹**	小さじ1
└ バター	10g
かぶの葉・ブラックペッパー	各適量

下準備

・かぶは実を8等分のくし切りにし、葉は刻む。
・あさりは砂抜きをする（P27の下準備参照）。

Memo

・かぶは大きさによって、加熱時間を延ばして調整する。
・余ったかぶの葉は、ふりかけや炒めもの、みそ汁などにも使える。

縦書き：5分蒸しで旨みたっぷり！とろとろのかぶに舌鼓

作り方

1 フライパンにかぶ、あさり、Aの順に入れて中火にかけ、フタをして5分ほど蒸す。

2 フタを取って混ぜ合わせる。

3 器に盛り、かぶの葉、ブラックペッパーをかける。

長いも餅チーチヂミ

キムチの辛みと旨みがアクセント

シャキシャキとろ〜り。

材料（2人分）

長いも	200g
切り餅	1個
白菜キムチ	100g
A ┌ ミックスチーズ	70g
片栗粉	大さじ2
└ 塩麹	小さじ1
ごま油	小さじ1
小ねぎ（小口切り）	適量

下準備

・長いもは皮をむき、薄くスライスする。
・切り餅は、薄切りにする。

Memo

・裏返すときは、大きめの平皿を使うときれいに返せる。
・キムチの塩分によっては、塩麹の量を調整する。

作り方

1 ボウルに長いも、切り餅、キムチ、Aを入れ、さっくりと混ぜる。

2 フライパンにごま油を入れて弱火にかけ、1を入れる。丸く形を整え、フタをして5分ほど蒸し焼きにする。

3 裏返してフタをし、さらに2分蒸し焼きにしたらフタを取り、中火にして焼きめがつくまで焼く。

4 器に盛り、小ねぎを散らす。

もちぷる大根餅

材料（2人分）

大根		300g
A	小ねぎ（小口切り）	30g
	しらす・ミックスチーズ	各40g
	片栗粉	大さじ5
	塩麹	大さじ1
ごま油		大さじ1/2

下準備

・大根は皮をむき、せん切りにして、
　余分な水気を切る。

もっちもち、ぷるるんっ。
驚きの新食感！

Memo

・裏返すときは、大きめの平皿を
　使うと、きれいに返せる。
・お好みで酢醤油などをつけてど
　うぞ。コチュジャンを追加して、
　韓国風にしても美味しい。

作り方

1　ボウルに大根、Aを
　入れ、混ぜ合わせる。

2　フライパンにごま油を
　入れて中火にかける。
　1を入れ、形を整えて2
　分ほど焼く。

3　裏返して弱火にし、フ
　タをして3分蒸し焼き
　にする。

4　仕上げに強めの中火
　にし、鍋肌からごま油
　（分量外）を入れて両
　面に焼き色をつける。

さつまいものほうじ茶おこわ

材料（2人分）

白米・もち米	各1合
さつまいも	1本（約250g）
A ┌ 塩麹	大さじ2と1/2
├ 酒	大さじ1
└ ほうじ茶	350ml
（炊飯器で作る場合は、2合の目盛まで）	
昆布	5cm×10cm
炒りごま（黒）	適量

下準備

・土鍋で炊く場合は、米を1時間ほど浸水させる。
・さつまいもは、皮ごとひと口大に切る。

芳ばしい香りと風味でワンランク上の美味しさに

Memo

・ほうじ茶で炊くと、芳ばしくて香り豊かになる。
・塩麹を使うことで、ふっくら炊き上がり、冷めてもしっとり美味しく仕上がる。

作り方

1 炊飯釜に、白米、もち米、Aを入れて混ぜ合わせる。

2 1に昆布、さつまいもをのせて、炊く。

3 茶碗に盛り、仕上げに炒りごまをふる。

塩麹豆ごはん

材料（2人分）

えんどう豆 ……………… 90g（可食部）
米 ……………………………… 2合
塩 …………………………… 小さじ1弱
水 …………………………… 400ml
A ┌ **塩麹** ……………… 大さじ1と1/2
　└ 酒 …………………… 大さじ1
昆布 ……………………… 5cm×10cm

下準備

・土鍋で炊く場合は、米を1時間ほど浸
　水させる。

ごはんふっくら、旨みもアップ！

塩麹を入れて炊くだけで

Memo

・豆はゆでてからあと入
　れすることで、つややか
　で、緑色が鮮やかに仕上
　がる。
・炊飯器で炊く場合は、ゆ
　で汁を2合の目盛りま
　で入れる。

作り方

1 鍋に水、塩、えんどう
豆を入れて中火にか
け、沸騰してから、3
分30秒〜4分ほどゆ
でる。

2 1をえんどう豆とゆで汁
に分け、完全に粗熱を
とる。

3 炊飯釜に、米、ゆで汁
350ml（足りなければ
水を足す）、Aを入れ
て混ぜ、昆布をのせ
て炊く。

4 炊き上がったらえんど
う豆を加え、さっくりと
混ぜる。

37

丸ごとピーマンとツナの炊き込みごはん

丸ごと炊いたピーマンが甘くてジュワッととろける

材料（2人分）

米 ···································· 2合
　（あればもち麦を少量入れる）
ピーマン ···························· 4個
ツナ（オイル漬け）········· 1缶（約70g）
塩麹 ·························· 大さじ2と1/2
炒りごま（白）················· 大さじ1
水 ······························ 350ml
　（炊飯器の場合は、2合の目盛りまで）

下準備

・土鍋で炊く場合は、米を1時間ほど浸水させる。

作り方

1　炊飯釜に、米、水、塩麹、炒りごまを入れて混ぜ合わせる。

2　1にツナ（オイルごと）とピーマンをのせ、炊く。

青菜しらすごはん

材料(2人分)

米	2合
小松菜	1束(約200g)
塩麹	大さじ1と1/2
水	350ml
(炊飯器の場合は、2合の目盛りまで)	
醤油	大さじ1
油揚げ(長方形)	1枚
しらす	20g
炒りごま(白)	大さじ1

下準備

・土鍋で炊く場合は、米を1時間ほど
　浸水させる。
・小松菜は、2cm長さに切り、油揚げは、
　短冊切りにする。

野菜としらすで栄養満点!
からだがよろこぶほっとする味

Memo

・ごはんに下味をつけ、旨
　みの出る食材を入れる
　ことで、美味しさがアッ
　プする。
・小松菜の代わりにチン
　ゲン菜、大根やかぶの葉
　などを入れるのもおす
　すめ。

作り方

1 フライパンに小松
菜、塩麹を入れ、強め
の中火で水分を飛
ばしながら炒める。

2 土鍋に米、水、醤油を
入れて混ぜる。

3 油揚げをのせ、炊く。

4 炊き上がったら1、しら
す、炒りごまを加え、混
ぜ合わせる。

カマンベールトマトの罪深いやつ

食べ出したら止まらない やみつき必須の贅沢つまみ

材料（2人分）

ミニトマト	10個
カマンベールチーズ	1/2個（約45g）
にんにく（みじん切り）	1かけ分
塩麹	小さじ2
ブラックペッパー	適量
オリーブオイル	大さじ1

下準備

・ミニトマトは、ヘタを取って半分に切る。

作り方

1 フライパンにオリーブオイル、にんにくを入れ、弱火にかける。

2 香りが立ったら、ミニトマト、カマンベールチーズ、塩麹を加えて絡める。

3 フタをし、弱めの中火で5分ほど蒸し煮にする。

4 器に盛り、ブラックペッパーをかける。

40

トマトとバジルの塩麹マリネ

材料（2人分）

トマト ………………………………… 1個
バジル（生）……………… 4枚～お好みで
クリームチーズ ……………………… 30g
A ┌ **塩麹**・オリーブオイル …… 各大さじ1
　├ レモン汁 ………………… 大さじ1/2
　└ ブラックペッパー ……………… 適量

下準備

・トマトは8等分のくし切りにする。

塩麹レモンドレッシングで
さっぱり＆ヘルシー！

作り方

1 ボウルに、Aを混ぜ合わせる。

2 1にトマト、クリームチーズ、手で割きながらバジルを加えて和える。

ゴロゴロ野菜のラタトゥイユ

じっくり煮込んでとろとろ。
甘みと旨みがアップ！

材料（2人分）

ズッキーニ		1本（約150g）
パプリカ（黄）		1個（約180g）
玉ねぎ		1/2個（約120g）
なす		1本（約100g）
にんにく（みじん切り）		1かけ分
A	トマト缶（ホール）	1/2缶（約200g）
	水	100ml
	塩麹	大さじ1
	こしょう	適量
ローリエ		1枚
オリーブオイル		小さじ2

下準備

・ズッキーニは1cm幅の半月切り、パプリカ、玉ねぎは2cm角、なすは2cm幅の半月切りにする。

Memo

・トマト缶は甘みの強いホールトマト缶を使うのがおすすめ。
・仕上げに中火で煮詰めることで、旨みがより凝縮される。

作り方

1 鍋にオリーブオイル、にんにくを入れて弱火にかける。香りが立ったら中火にし、玉ねぎを入れて塩ひとつまみ（分量外）をふる。

2 玉ねぎがやや透明になるまで炒めたら、ほかの野菜をすべて入れて、全体を混ぜ合わせる。

3 Aを加え、ヘラなどでトマトをつぶしながら混ぜる。

4 ローリエを加えて弱めの中火にし、フタをして、ときとき混ぜながら20分ほど煮る。フタを取り、中火にしてたまに混ぜながら5分ほど煮詰める。

アスパラがスのカルボナーラ

材料（2人分）

アスパラガス ……………………… 4本

A
┌ 粉チーズ・マヨネーズ …… 各大さじ1
│ 牛乳 ……………………… 大さじ1/2
│ **塩麹** ……………………… 小さじ1
└ ブラックペッパー ……………… 適量

ゆで卵（半熟） ……………………… 1個

下準備

・アスパラガスは、根元から1/3ほどの
　固い部分の皮をピーラーなどでむく。

生クリーム不使用
お手軽なのに本格味！

Memo

・アスパラガスは、1本
　そのままゆで、あとから
　切り分けると水っぽく
　ならずにゆでられる。

作り方

1 ボウルにAを混ぜ合わせ、カルボナーラソースを作る。

2 フライパンに湯を沸かし、アスパラガスを入れ、弱めの中火で1分〜1分30秒ほどゆでる。ザルにあげて水気をしっかり切り、4cm長さに切る。

3 1に2を加えて和える。

4 器に盛り、手で半分に割ったゆで卵を添え、残りのソースをかける。

きゅうりと茗荷の塩麹浅漬け

材料（2人分）

きゅうり	………	1本（約100 g）
茗荷	………	1本
塩麹	………	大さじ1/2
A にんにく（すりおろし）	………	1/2かけ分
塩昆布	………	ひとつかみ

下準備

- 茗荷は、斜め薄切りにする。
- きゅうりは、両端に菜箸などを置き、下まで切り離さないように、斜めに細かく切り込みを入れる。裏返して、同様に切り込みを入れ、4cm長さに切る。

さっぱりなのに旨みたっぷり
箸休めにおすすめ

作り方

1 ジッパー付き保存袋などに、材料をすべて入れてなじませる。

2 冷蔵庫で30分以上漬け込む。

ズッキーニの海苔ちりめんナムル

材料（2人分）

ズッキーニ	1本
A **塩麹**・ごま油	各小さじ2
にんにく（すりおろし）	1かけ分
ちりめんじゃこ	20g
焼き海苔	適量

Memo

・作り置きをしたい場合
は、ズッキーニを塩もみ
し、水気を切っておくと
◎。

和えただけとは思えぬ旨さ
みずみずしい生ズッキーニを堪能

作り方

1 ズッキーニは、薄くス
ライスする。

2 Aを加えて和える。

3 ちぎった焼き海苔を加
え、さっと和える。

45

ピーマンオムレツ

じっくり焼くことで
ピーマンの甘みと旨みがアップ

材料（2人分）

ピーマン ……………………………… 1個
卵 …………………………………………… 2個
A ┌ 牛乳 …………………………… 大さじ1
　│ **塩麹** ………………………… 小さじ2
　└ こしょう …………………………… 少々
米油 ………………………………… 大さじ1/2
パルミジャーノレッジャーノ
　（粉チーズでも代用可）……… 適量

下準備

・ピーマンはヘタと種を除き、
　ひと口大に切る。

作り方

1 ボウルに卵、Aを入れて混ぜ合わせる。

2 小さめのフライパンに米油を入れて弱めの中火にかけ、ピーマンをじっくり焼く。

3 中火にして溶き卵を加え、大きく混ぜ、半熟になったら火を止める。

4 パルミジャーノレッジャーノを削る。

とろっとろ長ねぎオイル蒸し

材料（2人分）

長ねぎ ……………………………………… 2本

A ┌ オリーブオイル ……………………… 大さじ1
　├ 水 ………………………………… 大さじ2と1/2
　└ 塩麹 ……………………………… 大さじ1/2

パルミジャーノレッジャーノ
（粉チーズでも代用可）……………… 適量
ブラックペッパー ……………………… 適量

下準備

・長ねぎは4cm長さに切る。

いつもの長ねぎが
おしゃれなおつまみに変身！

Memo

・長ねぎはオイルと一緒
にじっくり蒸し焼きに
すると、驚くほど甘みが
増す。長ねぎの太さに
よって、加熱時間を調整
すること。

作り方

1 小さめのフライパンに
長ねぎを並べて入れ、
Aを加える。

2 フタをし、弱めの中火
で15分ほど蒸し焼きに
する。

3 裏返し、フタをせずに
水気を飛ばしながら2
分ほど加熱する。

4 パルミジャーノレッ
ジャーノを削り、ブラッ
クペッパーをふる。

柿キャロットラペ

材料（2人分）

にんじん	1本（約130g）
柿	1/2個

A
オリーブオイル	大さじ1
塩麹・レモン汁	各大さじ1/2
はちみつ	小さじ1/2
ブラックペッパー	適量

ディル	適宜

下準備

・にんじんは、せん切りにする。
・柿は皮と種を除き、小さめのひと口大
　に切る。

柿の甘みが加わり
リッチな味わいに

Memo

・にんじんは塩もみをし
　て水気を切ることで、食
　感がよくなり、独特の匂
　いも軽減される。

作り方

1 ボウルににんじんを
入れ、塩ひとつまみ
（分量外）をふっても
み、10分ほどおいて
水分をしっかり絞る。

2 別のボウルにAを入
れ、混ぜ合わせる。

3 2に1、柿、ディルを加え
て和える。

新玉ねぎと
オレンジの生ハムマリネ

材料（2人分）

新玉ねぎ ……………… 1/2個（約100g）
オレンジ ……………………… 1/2個
生ハム（ハーフサイズ） ………… 4枚
A ┌ オリーブオイル ……… 大さじ1と1/2
  │ レモン汁 ………………… 大さじ1/2
  │ **塩麹** ……………………… 小さじ1
  │ 粒マスタード …………… 小さじ1/2
  └ ブラックペッパー …………… 適量

下準備

・新玉ねぎは薄切りにする。
・オレンジは皮をむいて果肉を取り出
　し、半分に切る。

作り方

1 ボウルにAを入れ、混
　ぜ合わせる。

2 新玉ねぎ、オレンジ、手
　で割きながら生ハムを
　加えて和える。

和えただけとは思えない
見た目も味も極上のひと品

Memo

・旬の新玉ねぎは甘くて
　みずみずしいので、生の
　ままサラダとして食べ
　る贅沢を味わうのがお
　すすめ。

小松菜の梅和え

梅と生姜でさっぱり
パパッとできて箸休めに最適

材料（2人分）

小松菜	………	1束（約200g）
梅干し	………	1個
A　**塩麹**・米油	………	各小さじ1
発酵生姜（すりおろし生姜小さじ1/2でも代用可）	………	小さじ1/2

Memo

・梅は大きめで甘くない
　ものがおすすめ。
・小松菜は、茎と葉を分け
　てゆでることで、食感が
　均一になる。

作り方

1 鍋に湯を沸かし、茎の部分を30秒、葉の部分を15秒ゆでる。

2 冷水に取り、水気をぎゅっと絞る。

3 根元を切り落とし、2cm長さに切る。

4 ボウルに、3、Aを入れて和える。

紫キャベツとオレンジのマリネ

材料（2人分）

紫キャベツ ……… 1/8 ～ 1/4個（約200g）
オレンジ（お好みの柑橘でも可）… 1/2個

A
- オリーブオイル ………… 大さじ1と1/2
- 白ワインビネガー ……… 大さじ1
- **塩麹** ……………………… 小さじ2
- はちみつ ………………… 小さじ1

下準備

・紫キャベツはせん切りにする。
・オレンジは皮をむいて果肉を取り出し、
　半分に切る。

ビタミンＣたっぷり！
彩り鮮やかで食卓も華やかに

作り方

1 ボウルに紫キャベツ、
塩ふたつまみ（分量
外）を入れてもみ、10
分ほどおいて水気を
絞る。

2 別のボウルにAを入
れ、混ぜ合わせる。

3 1、オレンジを加えて
和える。

カルダモン香る 桃モッツァレラ

材料（2人分）

桃	1個
モッツァレラチーズ	1個
A　オリーブオイル	大さじ1
A　**塩麹**・レモン汁	各大さじ1/2
A　カルダモンパウダー	小さじ1/4
ブラックペッパー	適量
ミント	適量

下準備

・桃は半分に切り割り果肉を切り分けながら
　種を除き、食べやすい大きさに切って皮を
　むく。

「スパイス×桃」の組み合わせで
普段と違うリッチな味わいに

作り方

1 ボウルにAを混ぜ合
わせる。

2 器に桃、モッツァレラ
チーズを並べてAをか
け、ミントを添える。

3 ブラックペッパーをか
ける。

自家製マヨネーズ

材料（作りやすい分量）

米油 ……………………………… 90g
無調整豆乳 ……………………… 50ml
塩麹 ………………………… 小さじ2
米酢 ……………………………… 大さじ1/2

保存期間の目安

・冷蔵庫で約2週間。

作り方

1 すべての材料を容器に入れ、ブレンダーにかける。

2 清潔な保存容器に入れる。

材料を入れて混ぜるだけ！
からだに優しい手作り調味料

Memo

・油は香りのない油なら、米油以外でも代用可。
・ブレンダーにかけて、すべてが混ざりきるまで、しっかり乳化させること。
・甘いのが好きな方は、砂糖などを入れて調整しても◎。

大葉ジェノベーゼソース

材料（作りやすい分量）

大葉	20g
ミックスナッツ（素焼き）	20g
にんにく	1/2かけ
粉チーズ	大さじ1
塩麹	大さじ1/2
オリーブオイル	60g

下準備

・大葉は洗って、しっかり水気を拭き取る。

保存期間の目安

・冷蔵庫で約2週間
・冷凍庫で約1ヶ月

作り方

1 容器にすべての材料を入れ、ブレンダーやミキサーなどでペースト状になるまで、攪拌する。

2 1を清潔な保存容器に入れる。

パスタや野菜にかけるだけで普段の料理がプロの味に

Memo

・塩気はやや控えめにしているので、料理に使うときに、お好みで塩を足して調整する。
・野菜と和えたり、パンにのせたり、パスタに混ぜたりしても美味しい。

Part 2

旨み成分たっぷりでプロの味に！

「醤油麹」を使ったおかず

米麹と醤油を発酵させて作る醤油麹は、旨み成分であるグルタミン酸がとっても豊富。醤油に旨みや甘み、芳醇な香りやとろみが加わり、醤油の代わりとして使うことで、いつもの料理をワンランク上の味わいに仕上げてくれます。

保存期間
冷蔵庫で約3ヶ月
冷凍庫で約6ヶ月

「醤油麹」の作り方

甘みと旨みを凝縮した濃厚な味わい

旨み成分であるグルタミン酸が、塩麹と比べて10倍以上にもなる醤油麹。塩味がまろやかで、甘みと旨みが際立つ芳醇な味わいが特徴です。醤油の代わりとして使えば、いつもの料理が格段に美味しくなります。

でき上がりの目安

・まろやかになり、ほんのり醤油の甘い香りがする。
・米麹の粒が手でつぶれ、芯が残っていない。

材料（作りやすい分量）

乾燥米麹（生米麹でも可）……………………………………… 100 g
醤油 ……………………… 200ml（生米麹の場合は160ml）

下準備

・ボウルに米麹を入れ、手でほぐす。
・保存容器はアルコール消毒などをし、清潔にしておく。

作り方

1 保存容器に米麹、醤油を入れ、全体をよく混ぜ合わせる。

2 常温、またはヨーグルトメーカーで発酵させる。

3
＜常温で発酵させる場合＞
・1日1回かき混ぜる。
・夏場だと4日〜1週間、冬場だと10日〜2週間を
　目安に直射日光の当たらない場所において保管する。
＜ヨーグルトメーカーで発酵させる場合＞
・60度、8時間にセットし、スタートボタンを押す。
・2〜3時間に1回かき混ぜる。

Point

・特にヨーグルトメーカーで作る場合は、米麹が醤油を吸収するので、
　水分量が足りなければ、米麹がひたひたになるくらいまで醤油を足す。
・完成後、ブレンダーなどでペースト状にすると使いやすい。
・発酵時は、発酵ガスによる破裂を防ぐため、フタを軽くのせる程度にする
　（ほこりが気になる場合は、キッチンペーパーをかぶせて輪ゴムで留める）。

夏野菜の
醤油麹ソース重ね蒸し

お肉ふっくら旨みたっぷり
素材の美味しさ引き立つ

材料（2人分）

豚こま切れ肉	200g
ズッキーニ	1本（約200g）
かぼちゃ	1/8個（約240g）
塩麹（天然塩大さじ1/2でも代用可）	大さじ1
A[醤油麹・みりん	各大さじ1

下準備

・ズッキーニは1cm幅の輪切り、かぼちゃは1cm幅の薄切りにする。
・豚肉に塩麹をもみ込み、15分ほどおく。

作り方

1 ボウルに、Aを混ぜ合わせる。

2 せいろにクッキングシートを敷き、ズッキーニ、かぼちゃ、豚肉を交互に並べてAを回しかけ、強めの中火で10分ほど蒸す。

Memo

・フライパンの場合は、フライパンに水を注ぎ入れ、大きめにカットしたクッキングシートを敷く。その上に食材を並べ、フタをして、弱めの中火で10分ほど蒸す。

豚トロのわさび醤油麹

材料（2人分）

豚トロ……………………150g
天然塩……………………小さじ1/4弱
こしょう…………………適量
A ┌ **醤油麹**……………大さじ1/2
　├ レモン汁……………小さじ1/2
　└ わさび………………小さじ1/4 〜
三つ葉・レモン…………各適宜

下準備

・豚トロは塩、こしょうをふり、下味を
　つける。

作り方

1 フライパンを中火に
　かけ、豚トロを入れ
　て、両面をカリッと
　焼く。

2 ボウルに1、Aを加え
　て和える。器に三つ葉
　を敷き、豚トロをのせ、
　お好みでレモンを添
　える。

ジューシーな豚肉を
わさび醤油でさっぱりと

Memo

・お好みでわさびの量は
　調整する。

59

薬味だく鶏むね梅南蛮

今夜は薬味が主役！
梅干しも加えてさっぱりさわやかに

材料（2人分）

鶏むね肉	1枚（約300g）
玉ねぎ	1/4個（約60g）
大葉	6枚
茗荷	2個
梅干し（甘くないもの）	1〜2個
塩麹（天然塩大さじ1/2でも代用可）	大さじ1
片栗粉	大さじ2ほど

A	米酢	大さじ3
	醤油麹	大さじ2
	みりん	大さじ2
	てんさい糖	小さじ1
米油		大さじ1

下準備

・玉ねぎは薄切り、大葉は細切り、
　茗荷はせん切りにする。

Memo

・麹調味料は焦げやすい
　ため、弱めの中火〜中火
　で様子をみながら焼く。

作り方

1 鶏肉はひと口大のそ
ぎ切りにし、塩麹を
もみ込んで30分以
上おく。

2 ボウルにAを混ぜ合
わせ、ラップはせず
に600Wの電子レン
ジで1分加熱する。

3 鶏肉に片栗粉をま
ぶす。フライパンに
米油を入れ、弱めの
中火〜中火で鶏肉
を両面約3分ずつ焼
く。

4 2のボウルに、3、玉
ねぎ、大葉、茗荷、手
で割きながら梅干し
を加えて和える。

ねぎダレ水晶鶏

材料（2人分）

鶏むね肉	1枚（約350g）
天然塩	小さじ1/4
こしょう	適量
片栗粉	大さじ2
┌ 小ねぎ（小口切り）	適量
│ みりん	大さじ2
│ **醤油麹**・醤油・ごま油・米酢	
A │	各大さじ1
│ 炒りごま（白）	大さじ1
│ 豆板醤	小さじ1/2
└ にんにく（すりおろし）	1かけ分
きゅうり	適量

下準備

- 鶏肉は5〜6mm幅のそぎ切りにし、塩、こしょうをふって下味をつける。
- みりんは少し深めの耐熱容器に入れ、ラップをせずに、600Wの電子レンジで1分加熱して煮切る。

Memo

- 鶏むね肉の大きさによって、ゆで時間を調整する。

麹と片栗粉の下準備で

お肉しっとり、ぷるぷる食感

作り方

1 小ボウルにAを入れて混ぜ合わせる。

2 鶏肉に、片栗粉をまぶす。

3 鍋に湯を沸かし、2を入れて中火で2分30秒〜3分ほどゆでてザルにあげ、水気を切る。

4 器に盛り、Aをかけ、きゅうりを添える。

外はカリッ、中はぷりぷり！
噛み締めるたび、旨み広がる

丸ごと牡蠣の焼き餃子

材料（2人分）

牡蠣	200g（12～14個）
餃子の皮（大判）	12～14枚
醤油麹	小さじ1
A オイスターソース	小さじ1/2
発酵生姜（すりおろし生姜小さじ1/4でも代用可）	小さじ1/4

水	大さじ3～3と1/2
米油・ごま油・小ねぎ（小口切り）	各適量

下準備

・ボウルに牡蠣、片栗粉（分量外・適量）を入れてやさしくもみ、水で洗い流してキッチンペーパーで水気をしっかり拭き取る。

作り方

1 ボウルに牡蠣、Aを入れて絡める。

2 1を餃子の皮で包む。

Memo

・牡蠣が大きめの場合は、半分に切る。
・牡蠣の水気をしっかりと拭き取ることで、味がぼやけにくくなる。

3 フライパンに米油を入れ、2を並べて中火にかける。焼きめがついたら、水を加えてフタをし、弱めの中火で3分蒸し焼きにする。

4 フタを取って水分を飛ばし、鍋肌からごま油を回し入れ、強めの中火でカリッと焼く。器に移し、小ねぎを散らす。

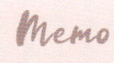

麻婆なすグラタン

こんがりチーズでグラタン風に。

火を使わずレンチンで完結！

材料（2人分）

なす	1本（約80g）
豚ひき肉	50g
A **醤油麹**・味噌・みりん	各大さじ1/2
A 豆板醤	小さじ1/4
ミックスチーズ	適量
ラー油・粉山椒	各適宜

下準備

・なすは、ヘタを切り落とす。

Memo

・味噌を甜麺醤に変えると、より本格的な味わいが楽しめる。

作り方

1 耐熱ボウルにひき肉、Aを入れて混ぜ、ふんわりラップをして、600Wの電子レンジで50秒加熱する。

2 なすをラップで包み、600Wの電子レンジで3分加熱する。冷水につけ、粗熱をとる。

3 2のなすを縦半分に切って1をのせ、ミックスチーズを散らし、トースターでよい焼き色がつくまで焼く。

4 お好みで、ラー油、粉山椒をかける。

厚揚げれんこんタルタル

材料（2人分）

厚揚げ	…………	2個（約280g）
れんこん	…………	60g
カイワレ大根	…………	適量

A
- マヨネーズ ………… 大さじ2
- 牛乳（無調整豆乳小さじ1でも代用可） ………… 小さじ1
- 塩麹（天然塩小さじ1/8でも代用可）・米酢 ………… 各小さじ1/4

B
- **醤油麹**・みりん ………… 各大さじ1と1/2
- 米酢 ………… 小さじ1/4

米油 ………… 小さじ1

下準備

・れんこんは皮つきのまま、約8mm角に切る。

作り方

1
ボウルにれんこんを入れてふんわりラップをし、600Wの電子レンジで1分30秒加熱する。粗熱をとり、水気を拭き取ってAを加え、混ぜる。

2
フライパンに米油を入れて中火にかけ、厚揚げの両面に焼き色をつける。

3
Bを加え、煮詰めながら絡めて器に盛り、1をかけ、カイワレ大根を添える。

ヘルシーなのに食べ応え満点　白米がすすむ甘辛味

Memo

・てりツヤを出したいので、醤油麹はペースト状にしたものを使用するのがおすすめ。

65

お手軽ルーロー飯

塊肉を使わず簡単！
2種のお肉で食べ応えも十分

材料（2人分）

合いびき肉	100g
豚バラ肉	100g
醤油麹	大さじ1と1/2
オイスターソース・酒・みりん	各大さじ1
A 発酵生姜（すりおろし生姜1/2かけ分でも代用可）	大さじ1/2
五香粉	小さじ1/2
こしょう	適量
ごはん	茶碗2杯分
三つ葉・ゆで卵	各適量

下準備

・豚バラ肉は、1cm幅に切る。

Memo

・本来は塊肉を使って長時間煮込んで作るものですが、合いびき肉と豚バラ肉を使ってお手軽に。2種類の肉を使うことで、味染みもよく、食べ応えもアップする。

作り方

1 フライパンを中火にかけ、ひき肉、豚肉を入れて、色が変わるまで炒める。

2 Aを加え、煮絡める。

3 器にごはんを盛り、2をのせて三つ葉とゆで卵を添える。

アボカドサーモンのポキ丼

材料（2人分）

サーモン（刺身用）	……	1柵（約100g）
アボカド	……	1/2 〜 1個
A	**醤油麹**	大さじ1と1/2
	みりん	大さじ1
	ごま油	大さじ1/2
卵黄	……	卵1個分
炒りごま（白）・コチュジャン	……	各適量
ごはん	……	茶碗2杯分

下準備

・みりんは少し深めの耐熱容器に入れ、ラップをせずに、600Wの電子レンジで50秒加熱して煮切る。
・アボカドは皮と種を除き、1cm角に切る。
・サーモンは1cm角に切る。

火を使わず和えるだけ 醤油麹ベースのタレが絶品！

作り方

1 ボウルに、Aを混ぜ合わせる。

2 1に、アボカド、サーモンを加えて和える。

3 茶碗にごはんを盛って2をのせ、中央に卵黄をのせて炒りごまをふる。お好みでコチュジャンを添える。

ねぎだく納豆がパオ

材料（2人分）

豚ひき肉		150 g
納豆		2パック（約80g）
小ねぎ		5〜6本（約45g）
A	みりん	大さじ2
	醤油麹	大さじ1
	発酵生姜（すりおろし生姜大さじ1でも代用可）	大さじ1
	味噌	小さじ1
	豆板醤	小さじ1/2
ごはん		茶碗2杯分
目玉焼き		2個

下準備

・小ねぎは、小口切りにする。

和風味にアレンジ！タイの定番がパオライスを

作り方

1 フライパンにひき肉を入れ、中火で炒める。

2 肉の色が変わったら、納豆、Aを加えて2分ほど炒める。

3 2に小ねぎを加え、さっと絡める。ごはんとともに器に盛り、目玉焼きをのせる。

しらすとミニトマトのお揚げピザ

材料（2人分）

油揚げ ························ 1枚（長方形）
ミニトマト ···················· 6個
しらす ························ 15g
大葉 ························· 1枚
A ┌ マヨネーズ ··········· 大さじ1
　│ **醤油麹** ············· 小さじ1
　└ 柚子こしょう ········· 小さじ1/8

下準備

・小ボウルにAを混ぜ合わせる。
・ミニトマトは、4等分にする。

油揚げを使って簡単ヘルシー
おやつ感覚で食べられる

Memo

・包丁すら使いたくない
　方は、油揚げは開かずに
　作ってもOK。
・具材はお好みのものに
　変更しても。彩りのよい
　野菜を使うと、見た目が
　華やかに仕上がる。

作り方

1 油揚げは、3辺に切り込みを入れて開く。

2 開いた内側の断面に、Aを塗る。

3 しらす、ミニトマトをのせ、ちぎった大葉を散らす。

4 焼き色がつくまでトースターで焼き、食べやすい大きさに切り分ける。

69

ピリ辛醤油麹の豆乳つけそば

まろやかな豆乳ベースのスープに
ピリッと辛いラー油がアクセント

材料（2人分）

そば（乾麺）……………2人分（約200g）
A
┌無調整豆乳………………大さじ3
│**醤油麹**・練りごま（白）・みりん
└…………………………各大さじ2
ラー油・炒りごま（白）・大葉・茗荷
……………………………各適量
めんつゆ……………………適宜

下準備

・大葉、茗荷は、せん切りにする。
・みりんは少し深めの耐熱容器に入れ、
　ラップはせずに、600Wの電子レンジで
　1分ほど加熱して煮切る。

Memo

・さっぱり系と濃厚系の
　2種類のつけつゆを用
　意することで、飽きずに
　最後まで楽しむことが
　できる。
・つゆはそばの代わりに、
　うどんやそうめんなど
　と合わせても美味しい。

作り方

1　ボウルにAを入れ、混
　ぜ合わせる。

2　1を器に注ぎ入れ、
　ラー油を回しかけて、
　炒りごまをふる。

3　そばは袋の表示通り
　にゆで、冷水で洗って
　水気を切る。ザルなど
　に盛り、大葉、茗荷を
　添え、お好みでめんつ
　ゆを用意する。

エスニック和え麺

材料（2人分）

お好みの麺	2玉

A
オリーブオイル	大さじ2
醤油麹	大さじ1と1/2
ナンプラー	小さじ2
てんさい糖	小さじ2
ライム	1/2個

香菜・桜海老・ミックスナッツ（素焼き）・
焼き海苔 ……………………… 各適量
ライム（飾り用）………………… 適量

下準備

・麺は袋の表示時間通りにゆで、
　冷水でしめる。

おうちで簡単エスニック！
暑い日でもぺろっと食べられる

作り方

1 ボウルにAを混ぜ合
わせ、麺を加えて絡
める。

2 器に1を盛り、香菜、桜
海老、素焼きミックス
ナッツ、焼き海苔、ライ
ムを添える。

しっとり柔らかバンバンジー

濃厚なコク旨ソースが淡白なむね肉と相性抜群

材料（2人分）

鶏むね肉 ……………… 1枚（300 〜 320g）
塩麹（天然塩大さじ1/2強でも代用可）
…………………………… 大さじ1と1/2
きゅうり …………………………… 1/2本
トマト ……………………………… 1個

A
- **醤油麹**・米酢 …… 各大さじ1と1/2
- すりごま（白）・ごま油 …… 各大さじ1
- てんさい糖 …………………… 大さじ1/2
- にんにく（すりおろし）………… 1かけ分
- 粉山椒 ………………………… 小さじ1/2

ラー油 …………………………… 適量

下準備

・きゅうりは、細切りにする。
・トマトは、輪切りにする。

Memo

・タレはやや濃厚にして
あるので、お好みで鶏の
ゆで汁を加えて伸ばし
てもOK。

作り方

1　鶏肉に塩麹をもみ込み、30分以上おく。

2　鍋に鶏肉、水を入れて火にかけ、沸騰する直前でごく弱火にして2分ゆでる。裏返し、さらに2分ゆでて火を止め、フタをして30分以上おく。

3　ボウルに、Aを混ぜ合わせる。

4　器にトマト、きゅうりを敷き、手で割いた鶏肉をのせて3をかける。仕上げに、お好みでラー油をかける。

白ねぎサーモンの醤油麹コチュマヨ

材料（2人分）

サーモン（刺身用）……… 1柵（約130g）
長ねぎ ……………………… 5cmほど
A ┌ マヨネーズ …………… 大さじ1
　├ **醤油麹** ……………… 大さじ1/2
　└ コチュジャン・ごま油 … 各小さじ1
炒りごま（白）……………………… 適量

下準備

・サーモンは、長さ7cm、幅1cmほどに切る。
・長ねぎは縦に切り込みを入れ、芯を除く。繊維に沿ってせん切りし、氷水に10分ほどさらしてしっかり水気を切り、白髪ねぎを作る。

ピリ辛＆クリーミーでクセになる
和えるだけのスピードつまみ

作り方

1 ボウルにAを入れて混ぜ合わせる。

2 サーモンを加え、和える。器に盛り、白髪ねぎをのせ、炒りごまをふる。

Memo

・長ねぎの辛みが気になるようであれば、水にさらす時間を延ばして調整する。
・辛いものが苦手な方は、コチュジャンの量を調整する。

大葉香るよだれなす

とろっとろのなすを特製ごまポンソースで召し上がれ

材料（2人分）

なす	2本
A ┌ ぽん酢醤油・すりごま（白）	各大さじ1
醤油麹・ごま油	各大さじ1/2
てんさい糖	小さじ1/2
└ 唐辛子（輪切り）	1本分
大葉	5枚

下準備

・なすは、ヘタを切り落とし、ピーラーなどで皮をむく。
・大葉はせん切りにする。

Memo

・なすは、とろっとろになるまで蒸すのがポイント。
・なすの皮はポリフェノールがたっぷりなので、ごま油で炒めてきんぴらなどにするのもおすすめ。

作り方

1 なすは、せいろなどの蒸し器に入れ、8分ほど蒸す。蒸し器がない場合は、なすをラップに包んで電子レンジで4分ほど加熱する。

2 1のなすを、1cm幅の斜め切りにする。

3 ボウルに、Aを混ぜ合わせる。

4 器に2のなすを盛り、3をかけ、大葉を添える。

レンチンなすユッケ

材料（2人分）

なす		2本
A	コチュジャン・ごま油	各大さじ1/2
	醤油麹	小さじ2
	てんさい糖	小さじ1/2
	米酢	小さじ1/4
小ねぎ（小口切り）		適量
卵黄		卵1個分
炒りごま（白）		適量

下準備

・ボウルにAを入れ、混ぜ合わせる。
・なすは、ヘタを切り落とす。

ピリ辛の濃厚ダレで食べ出したら止まらない

Memo

・なすは、長なすなど、皮と実が柔らかい品種を使うのがよい。

作り方

1 なすはラップに包み、600Wの電子レンジで4分ほど加熱する。

2 1のなすをラップごと冷水に取り、急冷させる。

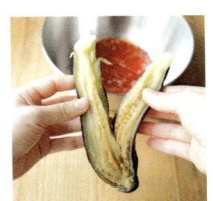

3 なすを手で割き、Aを混ぜ合わせたボウルに加えて絡める。

4 器に盛り、卵黄をのせ、小ねぎ、炒りごまをふる。

アボタコモッツァレラ

生姜とにんにく香る
おうちで即席バル風おつまみ

材料（2人分）

ゆでタコ	100 g
アボカド	1/2個
モッツァレラチーズ（ひと口タイプ）	5個

A
醤油麹・オリーブオイル … 各大さじ1
発酵生姜（すりおろし生姜大さじ1/2
でも代用可） … 大さじ1/2
にんにく（すりおろし） … 1かけ分

小ねぎ（小口切り）	適量

下準備

・タコは、ひと口大に切る。
・アボカドは皮と種を除き、ひと口大に切る。
・モッツァレラは、手で半分に割る。

作り方

1 ボウルにAを入れて混ぜ合わせる。

2 1にタコ、アボカド、モッツァレラチーズを加えて和える。器に盛り、小ねぎを散らす。

タコとトマトの醤油麹マリネ

材料（2人分）

ゆでタコ	……………	120 g
トマト	……………	1個

A ┌ **醤油麹・オリーブオイル**
　　………………………… 各大さじ1
　│ わさび……………… 小さじ1/8 〜
　│ にんにく（すりおろし）… 1/2かけ分
　└ パセリ（みじん切り）……… 適量

下準備

・タコ、トマトはひと口大に切る。

作り方

1 ボウルにAを入れ、混ぜ合わせる。

2 1にタコ、トマトを加えて和える。

醤油麹とわさびがマッチ！
さっぱりなのに奥深い味わい

Memo

・わさびはお好みで足して調整する。

ブロッコリーと 卵の醤油おかかマヨ

醤油麹とかつお節の 風味が効いた和風サラダ

材料（2人分）

ブロッコリー		1株
A[	**醤油麹・マヨネーズ**	
		各大さじ1と1/2
かつお節		ひとつかみ
ゆで卵		1個

下準備

- ブロッコリーは、小房に分ける。芯は厚めに皮をむき、食べやすい大きさに切る。

Memo

- ブロッコリーはしっかり水気を切る。

作り方

1 フライパンに少量の水を入れて沸かし、ブロッコリーを入れてフタをし、弱めの中火で3〜4分ゆでる。ザルにあげて、粗熱をとる。

2 ボウルにAを入れ、混ぜ合わせる。

3 2にブロッコリー、かつお節を加えて和える。

4 3に半分に割いたゆで卵を加え、優しく和える。

新玉ねぎのステーキ

材料（2人分）

新玉ねぎ ……………………… 1個
バター（有塩）………………… 10g
A ┌ **醤油麹・みりん** …… 各大さじ1
  │ 米酢 ………………… 小さじ1
  └ にんにく（すりおろし）……… 少々

下準備

・新玉ねぎは、1cm幅の輪切りにする。

作り方

1 フライパンにバターを入れて中火にかけ、新玉ねぎを並べる。

2 片面3〜4分ずつ、柔らかくなるまで焼く。

3 Aを加え、煮詰めながら絡める。

甘くてジューシー！野菜とは思えぬ美味しさ

アボカドと茗荷の マヨ辛醤油麹和え

アボカドと茗荷の相性抜群！
濃厚マヨ醤油にからしがアクセント

材料（2人分）

アボカド	1個
茗荷	2本
A 醤油麹・マヨネーズ	各大さじ1
からし	小さじ1/4〜お好みで
レモン	適量
茗荷（飾り用）	適量

下準備

・アボカドは種と皮を除き、ひと口大に切る。
・茗荷は斜め薄切りにする。

作り方

1 ボウルに、Aを入れて混ぜ合わせる。

2 1にアボカド、茗荷を加えて和える。

3 器に盛り、茗荷（飾り用）を散らし、レモンを絞る。

アボカドと玉ねぎと
ささみの和えもの

材料（2人分）

アボカド ………………………… 1個
玉ねぎ ………………… 1/4個（約60g）
鶏ささみ肉 ………………………… 2本

A
ごま油 ………… 大さじ1と小さじ1
醤油麹 …………………… 大さじ1
コチュジャン ………………… 大さじ1/2
にんにく（すりおろし）…… 1かけ分

下準備

・ アボカドは、種と皮を除き、ひと口大に切る。
・ 玉ねぎは、薄切りにする。辛みが気になる場合は、バットなどに広げて空気にさらす。
・ ささみは筋を取る。

ダイエット中にもおすすめの
ヘルシーおつまみ

作り方

_1_ 鍋にささみ、水を入れて火にかけ、沸騰してきたら火を止める。フタをして8分ほどおいたら取り出して粗熱をとり、手で割く。

_2_ ボウルに、Aを入れて混ぜ合わせる。

_3_ アボカド、玉ねぎ、ささみを加えて和える。

81

小松なっとうごま和え

いつものごま和えに納豆をプラス
発酵パワーで簡単腸活！

材料（2人分）

小松菜	…………	1束（約200g）
納豆	…………	1パック（約40g）
A 醤油麹・すりごま（黒）	…………	各大さじ1
てんさい糖	…………	大さじ1/2

Memo

- 小松菜は、茎と葉を分けてゆでることで、食感が均一になる。
- 小松菜は冷水に取ることで、色鮮やかに仕上がる。
- 納豆は事前によく混ぜたほうが、食感がふわふわになって美味しい。

作り方

1 鍋に湯を沸かし、茎の部分を30秒、葉の部分を15秒ゆでる。

2 1を冷水に取り、水気をぎゅっと絞る。

3 根元を切り落とし、5cm長さに切る。

4 ボウルにA、小松菜、混ぜた納豆を加え、和える。

パリパリピーマンと ピリ辛納豆味噌

材料（2人分）

ピーマン ……………………… 3個
納豆 ………………………… 1パック
A ┌ 食べるラー油 ……… 大さじ1（約40g）
　├ **醤油麹**・味噌 ………… 各大さじ1/2
　└ てんさい糖 ………………… 小さじ1/2

下準備

・納豆は、よく混ぜる。

パリパリ新食感！
ピリ辛の納豆味噌がクセになる

作り方

1 ピーマンは、半分に切って、ヘタと種を除く。

2 氷水を張ったボウルにピーマンを入れて30分ほど浸け、水気を拭き取る。

3 小ボウルに、納豆、Aを入れて混ぜ合わせる。

4 ピーマンに、3をのせていただく。

かぼちゃとごぼうのデリ風サラダ

食物繊維たっぷりで からだの中から健康キレイに

材料（2人分）

かぼちゃ	約150g
ごぼう	約70g
パセリ	1本

A	マヨネーズ	大さじ2
	すりごま（白）	大さじ1と1/2
	醤油麹	大さじ1
	てんさい糖・米酢	各小さじ1/2

下準備

・かぼちゃはやや細切り、ごぼうはせん切り、パセリはみじん切りにする。

作り方

1 フライパンに少量の水を入れて沸かし、かぼちゃ、ごぼうを入れてフタをして、弱めの中火で4〜5分ほどゆでる。

2 ざるにあげて、粗熱をとる。ボウルにAを入れて混ぜ合わせ、かぼちゃ、ごぼう、パセリを加えて和える。

甘辛ほっくりごまかぼちゃ

材料（2人分）

かぼちゃ ………………… 約400g

A ┌ **醤油麹**・みりん・すりごま（白）
　│ ………………… 各大さじ1
　└ 豆板醤 ………………… 小さじ1/2

炒りごま（白） ………………… 適量

下準備

・かぼちゃは種を除き、ひと口大に切る。
・みりんは耐熱皿に入れ、ラップはせずに
　600Wの電子レンジで50秒ほど加熱し
　て煮切る。

豆板醤の辛みがアクセント
かぼちゃの甘みが引き立つひと品

作り方

1 かぼちゃはせいろなど
　で蒸す、またはゆでる。

2 ボウルにAを入れて
　混ぜ合わせ、かぼ
　ちゃ、炒りごまを加え
　て和える。

旨辛ポリポリきゅうり

材料（2人分）

きゅうり······································2本

A　┌ **醤油麹**・米酢・食べるラー油
　　│ ································各大さじ1
　　└ てんさい糖·················大さじ1/2

炒りごま（白）····················大さじ1

下準備

・きゅうりは、両端に菜箸などを置き、下まで切り離さないように、斜めに細かく切り込みを入れる。裏返して、同様に切り込みを入れ、食べやすい長さに切る。

作り方

1　ボウルにきゅうり、塩ひとつまみ（分量外）をふってもみ、10分はどおく。

2　別のボウルに、Aを混ぜ合わせる。水気を絞ったきゅうり、炒りごまを加えて和える。

食べ出したら止まらない！！
お弁当やおつまみにも◎

86

山形の郷土料理「アレンジだし」

材料（2人分）

長いも	150g
きゅうり	1本
茗荷	1本
大葉	4枚
細切り昆布	4g
A みりん	大さじ2
A **醤油麹**	大さじ1と1/2
米酢	小さじ1

下準備

・みりんは耐熱皿に入れ、ラップはせずに
　600Wの電子レンジで1分ほど加熱して
　煮切る。

・長いも、きゅうり、茗荷は粗みじん切りに
　し、大葉はざく切りにする。

山形の郷土料理を自宅で再現

そのまま食べてもおつまみにも

作り方

1 ボウルにすべての材
　料を入れて混ぜ合わ
　せる。

Memo

・野菜は、なすやズッキーニな
　どお好みの野菜でアレンジ
　してもよい。

・長いもを入れると、粘りが出
　るのでおすすめ。長いもを入
　れない場合は、がごめ昆布や
　納豆昆布など、粘りのある昆
　布を使うのがよい。

切り干し大根の発酵マヨサラダ

食物繊維たっぷり！

旨みと栄養をぎゅっと凝縮

材料（2人分）

切り干し大根	25g
乾燥ひじき	5g
にんじん	50g
A すりごま(白)・マヨネーズ	各大さじ2
味噌	大さじ1/2
醤油麹	小さじ2

下準備

- ボウルに切り干し大根、乾燥ひじき、水を入れて戻し、水気をぎゅっと絞る。
- にんじんは、せん切りにする。

作り方

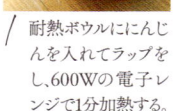

1 耐熱ボウルににんじんを入れてラップをし、600Wの電子レンジで1分加熱する。

2 別のボウルに切り干し大根、ひじき、水気を切ったにんじん、Aを入れて和える。

Memo

- 乾燥ひじきは、加熱せずに食べることができるが、気になる方は、一度ゆでこぼしをしてもOK。

黒豆マスカルポーネ

材料（2人分）

黒豆(甘煮)	80g
マスカルポーネ	100g
醤油麹	小さじ1
クラッカー	適宜

作り方

1 ボウルに黒豆、マスカルポーネ、醤油麹を入れて混ぜる。

2 お好みでクラッカーなどにのせていただく。

コク深く芳醇な味わいでワインのお供にぴったり

Part 3

甘くて奥深い味わいの和風コンソメ

「玉ねぎ麹」を使ったおかず

塩麹に玉ねぎの甘みや旨みが加わった玉ねぎ麹は、だしやコンソメの代わりとして大活躍してくれます。日本人の味覚に合うちょっぴり和風の奥深い味わいに仕上がるので、美味しさが格上げします。

「玉ねぎ麹」の作り方

甘くてコク深い和風コンソメ

玉ねぎの甘みとコクが麹に加わった玉ねぎ麹は、コンソメの代わりとして、パスタやスープ、サラダ、煮物などに大活躍。水なしで作るので、旨みがより凝縮され奥深い味わいに仕上がります。

でき上がりの目安
・塩気がまろやかになっている。
・米麹の粒が手でつぶれ、玉ねぎのツンとする香りがなくなり、
　ほのかに甘い香りに変化する。

材料（作りやすい分量）

玉ねぎ	300g（正味）
乾燥米麹（生米麹でも可）	100g
天然塩	35g

下準備

・米麹が固まっていれば、手でほぐす。
・保存容器はアルコール消毒などをし、清潔にしておく。

作り方

1 ボウルに米麹と塩を入れ、混ぜ合わせる。

2 玉ねぎはひと口大に切り、ミキサーなどでペースト状になるまで攪拌する（ミキサーなどがない場合は、すりおろす）。

3 1、2を保存容器に移し、全体をよく混ぜ合わせる。

4 常温、またはヨーグルトメーカーで発酵させる。
　　＜常温で発酵させる場合＞
・1日1回かき混ぜる。
・夏場だと4日〜1週間、冬場だと10日〜2週間を目安に直射日光の当たらない場所において保管する。
　　＜ヨーグルトメーカーで発酵させる場合＞
・60度、8時間にセットし、スタートボタンを押す。
・2〜3時間に1回かき混ぜる。

Point

・コクと旨みの宝庫なので、コンソメの代わりに使える。
・ピンクやベージュ色に変化することがあるが、失敗ではないのでそのまま使ってOK。
・肉や魚の下味はもちろん、和え物やスープの味つけ、サラダのドレッシングなど万能に使える。
・発酵時は、発酵ガスによる破裂を防ぐため、フタを軽くのせる程度にする（ほこりが気になる場合は、キッチンペーパーをかぶせて輪ゴムで留める）。

だしを使わない麹肉じゃが

だし不要で旨みを凝縮！

冷めても美味しいのでお弁当にも

材料（2人分）

豚こま切れ肉	150g
じゃがいも	2〜3個（約200g）
玉ねぎ	1/2個（約120g）
にんじん	2/3本（約80g）
絹さや	10本
玉ねぎ麹	大さじ1
A ┌ 水	300ml
└ 醤油・**玉ねぎ麹**・みりん・酒	各大さじ2

下準備

・じゃがいもは、皮をむいて芽を取り、食べやすい大きさに切る。

・玉ねぎは6等分のくし切り、にんじんは食べやすい大きさに切り、絹さやは筋を取る。

Memo

・牛肉で作ってもOK。

・一度冷ますと、味がさらに染みて美味しさアップ。

作り方

1 豚肉に玉ねぎ麹をもみ込み、15分ほどおく。

2 鍋にじゃがいも、玉ねぎ、にんじんを入れ、その上に豚肉をのせ、Aを加える。

3 火にかけて沸騰したらアクを取り、弱めの中火にしてフタをし、10分ほど煮る（煮汁から具材の頭が出ていたら、落しブタをする）。

4 フタを取り、中火にして10分ほど煮込み、仕上げの3分前に、絹さやを入れる。

ピリ辛ごまみそ豆乳鍋

材料（2人分）

豚バラ肉	150 g
白菜	1/8個
長ねぎ	1本
にんじん	1/3本
かぶ	1個
春菊	1株
しめじ	1/2袋
合わせだし	300ml

A
ねりごま（白）・味噌・みりん 各大さじ2	
玉ねぎ麹	大さじ1
豆板醤	小さじ1
無調整豆乳	200ml

下準備

・野菜は、食べやすい大きさに切る
　（にんじんは火が通るように、薄切り
　にするのがポイント）。

・しめじは石づきがあれば切り落とし、
　手で割る。

・ボウルにAを入れ、豆乳を少しずつ
　加えながら混ぜ合わせる。

縦書き：玉ねぎ麹が旨みを底上げ！汁まで飲み干したい美味しさ

作り方

1　鍋に春菊以外の野菜、きのこ、豚肉、合わせだしを入れて弱めの中火にかけ、フタをして8〜9分ほど煮る。

2　春菊、A、豆乳を入れて混ぜ合わせ、さっと火を通す。

Memo

・野菜やきのこはお好みのものでOK。

・豆乳は分離しやすいため、ふつふつさせすぎないこと。

・豚こま切れ肉などを使う場合は、固くなりやすいので工程2のタイミングで加え、色が変わるまで加熱する。

巻かないロールキャベツ

重ねて蒸し煮にすることで
巻く手間をカットし、旨みも凝縮

材料（2人分）

豚ひき肉		300g
キャベツ		1/2個（約400g）
A	**玉ねぎ麹**	大さじ2
	こしょう	適量
	発酵生姜（すりおろし生姜大さじ1でも代用可）	大さじ1
B	トマト缶（ホール）	1/2缶（約200g）
	水	400ml
	玉ねぎ麹	大さじ1
	天然塩	小さじ1/4
パセリ（みじん切り）		適量
ブラックペッパー		適量

下準備

- ボウルにひき肉、Aを入れ、こねるように混ぜる。
- 別のボウルにBを入れ、トマトをつぶしながら混ぜる。
- キャベツの芯を除き、1枚ずつなるべく破れないようにはがす。

Memo

- 鍋にキャベツと豚ひき肉を重ねる際は、なるべく空気が入らないように詰めるのがポイント。

作り方

1 鍋にキャベツ→ひき肉の順に重ねて詰めていき、最後にキャベツをかぶせる。

2 Bを加えて軽く混ぜる。

3 2を火にかけ、ふつふつしてきたら弱めの中火にし、フタをして30分ほど煮込む。

4 フタを取り、中火にして5分ほど煮詰める。鍋の中で切り分けて器に盛り、パセリ、ブラックペッパーをふる。

白菜だくしゅうまい

材料（2人分）

豚ひき肉	200g
白菜	200g
A 玉ねぎ麹	大さじ2
発酵生姜（すりおろし生姜大さじ1でも代用可）	大さじ1
醤油麹（醤油小さじ2でも代用可）	小さじ2
ブラックペッパー	適量
酢・醤油・からし	各適宜

下準備

・白菜は細切りにしてボウルに入れ、塩ひとつまみ（分量外）を加えてもみ、10分ほどおいて水気をぎゅっと絞る。

Memo

・フライパンで蒸す場合は、フライパンに水を注ぎ入れ、フライパン内で収まるサイズにカットしたクッキングシートを敷き、その上にしゅうまいを並べる。火にかけてふつふつしてきたら、弱めの中火でフタをして7～8分蒸す。
・白菜の水気は、しっかり絞ること。
・肉だねは少し冷蔵庫で休ませると、丸めやすくなる。

包まず簡単！ヘルシーなのにおなかがしっかり満たされる

作り方

1 ボウルにひき肉、Aを入れて練る。白菜を加えてなじむまで混ぜ、適当な大きさに丸める。

2 せいろなどの蒸し器に余った白菜を敷き、1を並べる。

3 強めの中火で7～8分蒸し、お好みで酢、醤油、からしなどをつけていただく。

95

甘辛ごぼうつくね

材料（2人分）

豚ひき肉		200g
ごぼう		1/2本（約50g）
A	玉ねぎ麹	大さじ1
	片栗粉	大さじ1
	こしょう	適量
B	醤油・みりん	各大さじ1と1/2
	てんさい糖	大さじ1/2
米油		小さじ1
大葉・茗荷		各適量

下準備

・ごぼうは、小さめのささがきにする。
・大葉、茗荷は、せん切りにする。

Memo

・ごぼうは、小さめに切ると、肉だねとのなじみがよい。
・調味料を加えたら、とろっとするまで加熱すると、つくねに絡みやすくなる。

作り方

1 ボウルに、ひき肉、A、ごぼうを入れて混ぜ合わせる。

2 6等分にし、丸める。

3 フライパンに米油を入れて2を並べ、中火で両面1分ずつ焼いたら弱火にし、フタをして3分蒸し焼きにする。

4 油が出ている場合は拭き取り、Bを加え、とろっとするまで煮詰めながら絡める。器に盛り、大葉、茗荷をたっぷり添える。

秋鮭と舞茸のクリーム煮

材料（2人分）

秋鮭	2切れ
舞茸	1パック（約200g）
小松菜	3株（約100g）
塩	ふたつまみ
片栗粉	大さじ1と1/2
A 牛乳	300ml
A 玉ねぎ麹	大さじ1と1/2
ブラックペッパー	適量
米油	大さじ1

下準備

・舞茸は、手で割く。
・小松菜は、5cm長さに切る。

Memo

・片栗粉をまぶすことで、魚は柔らかく仕上がり、クリームにほどよくとろみがつく。
・すりおろしにんにくやバターを入れると、さらに奥深い味わいに。

煮込み時間たったの3分！
見た目もおしゃれなひと品

作り方

1 鮭は塩をふって下味をつけ、鮭、舞茸の両面に片栗粉をまぶす。

2 フライパンに米油を入れて中火にかけ、皮目から鮭、舞茸を入れて2分ほど焼き、裏返して1分ほど焼く。

3 小松菜、Aを加えて混ぜ、3分ほどとろみがつくまで煮る。

4 3にブラックペッパーをふり、味が足りなければ塩（分量外）で味を調える。

かぼちゃと長ねぎのドフィノワ風

お手軽グラタン

バター＆小麦粉不使用で作る

材料（2人分）

かぼちゃ		150g
長ねぎ		1本（100g）
A	生クリーム	100ml
	牛乳	50ml
	玉ねぎ麹	大さじ1
	こしょう	3ふり
ミックスチーズ		適量

下準備

- かぼちゃは5cm長さ×5mm幅に切る。
- 長ねぎは3cm長さに切る。
- オーブンを200度に予熱する。

Memo

- かぼちゃを崩しながら食べると、ソースにほどよくとろみがついて美味しい。

作り方

1 ボウルに、Aを混ぜ合わせる。

2 グラタン皿に、かぼちゃ、長ねぎを敷き詰める。

3 2に1を流し入れ、ミックスチーズを散らす。

4 200度のオーブンで20分ほど焼く。

れんこんチーズガレット

材料（2人分）

れんこん		1節（約200g）
ミックスチーズ		70g
玉ねぎ麹		大さじ1
片栗粉		大さじ2
天然塩		ひとつまみ
ブラックペッパー		適量
米油		大さじ1

A は、玉ねぎ麹・片栗粉・天然塩・ブラックペッパー

下準備

・れんこんは、皮つきのままスライスする。

カリッとしたれんこんにとろ〜りチーズが相性抜群

Memo

・れんこんはなるべく薄くスライスするのがポイント。厚めの場合は、焼き時間を長めに調整すること。

作り方

1 ボウルにれんこん、A を入れ、手などで混ぜ合わせる。

2 フライパンに米油を入れ、半量の1→ミックスチーズ→残りの1の順に重ねる。

3 中火にかけ、フライ返しなどで押しつけながら焼き色がつくまで2分ほど焼く。

4 大きめの平皿などを使って裏返し、弱めの中火にし、フタをして3分30秒〜4分蒸し焼きにする。

玉ねぎ麹の甘みとコクが広がり
豆乳で本格的な味わいに

海老グラタン

材料（2人分）

玉ねぎ	1/2個（約120g）	A 玉ねぎ麹	大さじ1
ほうれん草	2株	天然塩	小さじ1/4
海老（殻つき）	8〜10尾（約200g）	米油	大さじ1/2
無調整豆乳（牛乳400mlでも代用可）	400ml	こしょう	適量
米粉（薄力粉25gでも代用可）	25g	ミックスチーズ	適量

下準備

・玉ねぎは、薄切りにする。
・ほうれん草は、3cm長さに切る。
・海老は殻をむいて、つまようじで背ワタを取る。ボウルに海老、塩ひとつまみ、片栗粉、水大さじ1
　（各分量外）を入れてもみ、水で優しく洗い流して、キッチンペーパーで水気を拭き取る。

作り方

1 ボウルに米粉を入れて、2〜3回に分けて無調整豆乳を入れ、粉気がなくなるまで混ぜ合わせる。Aを加え、さらに混ぜ合わせる。

2 フライパンに米油を入れて中火にかけ、玉ねぎ、塩ひとつまみ（分量外）を加え、しんなりするまで炒める。

3 米油（分量外）を適量足して海老を加え、色が変わるまで両面を焼く。ほうれん草を加えて、さっと炒める。

4 1を加え、とろみがつくまで混ぜながら加熱する。こしょうをふって、混ぜる。

5 耐熱皿に入れてミックスチーズを散らし、トースターでこんがり色づくまで焼く。

Memo

・事前にホワイトソースを混ぜ合わせることで、本当に簡単にグラタンが作れる。
・バターや生クリームがなくても、しっかりコク深い仕上がりに。

麹カオマンガイ

ナンプラー不使用で炊飯器に入れるだけ！

材料（2人分）

鶏もも肉	……………	1枚（約300g）
生姜（薄切り）	……………	3枚
米	……………	1合

A	**玉ねぎ麹**	……………	大さじ1
	塩麹（天然塩大さじ1/2でも代用可）		
		……………	大さじ1

B	長ねぎ	……………	約8cm
	醤油麹（醤油大さじ1でも代用可）		
		……………	大さじ1
	水	……………	大さじ1
	味噌・ごま油・てんさい糖		
		……………	各大さじ1/2
	米酢	……………	小さじ1

レモン・パクチー	……………	各適宜

下準備

- 鶏肉にAをもみ込み、30分〜1時間ほどおいて下味をつける。
- 長ねぎは、みじん切りにする。

Memo

- 鶏肉に麹調味料をもみ込むことで、しっとり柔らかくジューシーに仕上がる。
- ごはんを炊くときに、生姜などの薬味を加えると、鶏肉の臭み消しになる。

作り方

1 炊飯器に米、1合の目盛りまで水（分量外）を入れ、その上に鶏肉、生姜をのせて、普通炊飯する。

2 小ボウルに、Bを混ぜ合わせる。

3 炊飯が終わったら1の鶏肉と生姜を取り出し、鶏肉は切り分け、ごはんをさっくり混ぜる。

4 皿にごはんを盛って鶏肉をのせ、パクチー、レモンを添え、2をかける。

そら豆リゾット

材料（2人分）

そら豆	7本くらい
ベーコン（自家製ベーコン風＜P21参照＞を使用）	2〜3枚（約50g）
ごはん	200g
にんにく（みじん切り）	1かけ分
A ┌ 牛乳	150ml
├ 水	100ml
└ 玉ねぎ麹	大さじ1/2
オリーブオイル	小さじ1
天然塩	ひとつまみ
ブラックペッパー・パルミジャーノレッジャーノ	各適量

下準備

・そら豆は、さやから出して薄皮をむく。
・ベーコンは、5mm幅に切る。

炊いたごはんで作る
お手軽本格リゾット

作り方

1 フライパンに、オリーブオイル、にんにくを入れて弱火にかける。

2 香りが立ったら中火にし、そら豆、ベーコンを加えてさっと炒める。

3 A、ごはんを加えて混ぜ合わせ、弱めの中火で2分ほど煮たら、塩、ブラックペッパーをふって味を調える。

4 器に盛り、パルミジャーノレッジャーノをふる。

103

菜の花のマヨマスタードサンド

春の旬をいただく
ヘルシーでビタミンCもたっぷり

材料（2人分）

菜の花	200g
鶏ささみ肉	2本
A　マヨネーズ	大さじ2
玉ねぎ麹・ヨーグルト	各大さじ1
フレンチマスタード（粒マスタード大さじ1/2でも代用可）	大さじ1/2
ブラックペッパー	適量
お好みのパン	2枚〜
バター	適量

下準備

・ささみは筋を取る。

Memo

・ささみは、パサつきやすいので、熱湯した湯で保温させることで、しっとり柔らかに仕上がる。
・菜の花の茎の太さによって、加熱時間を調整する。

作り方

1 鍋にささみを入れて火にかけ、沸騰してきたら火を止める。フタをして8分ほどおき、取り出して粗熱をとる。

2 鍋に湯を沸かし、菜の花の茎の部分を入れて30〜40秒、葉の部分を入れてさらに30秒ゆでる。冷水に取り、水気をぎゅっと絞って3cm長さに切る。

3 ボウルに2、1のささみを手で割きながら入れ、Aを加えて和える。

4 パンにバターを塗り、3を挟む。

海老とブロッコリーのからしマヨ

材料（2人分）

海老（殻つき）	………	12尾（約120g）
ブロッコリー	………	1/2株（約180g）
玉ねぎ	………	1/8個（約30g）

A
- マヨネーズ ……………… 大さじ2
- 粉チーズ ……………… 大さじ1
- **玉ねぎ麹** ……………… 小さじ2
- からし ……………… 小さじ1/2〜
- ブラックペッパー ……… 適量

下準備

・ブロッコリーは、小房に分ける。
・玉ねぎは、薄切りにする。
・海老は殻をむいて爪楊枝で背ワタを取り、ボウルに海老、塩ひとつまみ、片栗粉、水大さじ1（各分量外）を入れて優しくもむ。水で洗い流し、キッチンペーパーで水気を拭き取る。

ボリューミーな主役サラダ
からしがアクセント！

作り方

1
鍋に少量の水（分量外）を入れて沸かし、ブロッコリーを入れてフタをし、弱めの中火で3分ほど蒸しゆでにする。ザルにあげ、粗熱をとって水気を切る。

2
同じ鍋に、水（分量外）を入れて火にかけ、沸騰したら海老を入れ、弱めの中火で色が変わるまでゆでる。ザルにあげて水気を切る。

3
ボウルに玉ねぎ、1、2、Aを入れて和える。

Memo

・お好みで、からしの量を調整する。

菜の花の麹エチュベ

材料（2人分）

菜の花 …………………… 1束（約120g）

A
- 酒 ………………………… 大さじ2
- オリーブオイル ………… 大さじ1
- **玉ねぎ麹** ………………… 大さじ1/2
- 天然塩 …………………… ひとつまみ

温泉卵 ………………………………… 1個

パルミジャーノレッジャーノ・
　ブラックペッパー …………… 各適量

下準備

・菜の花は、茎と葉に切り分ける。

素材を活かしたシンプルレシピ
温泉卵に絡めて召し上がれ

作り方

1 フライパンに菜の花、Aの順に入れて軽く混ぜる。

2 弱めの中火で、フタをして2分ほど蒸す。

3 全体をさっと絡めて器に盛り、温泉卵をのせ、パルミジャーノレッジャーノ、ブラックペッパーをふる。

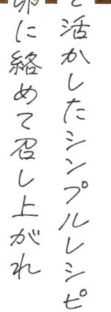

切り干し大根とわかめのナムル

材料を切って和えるだけ
あと1品ほしいときの強い味方

材料（2人分）

切り干し大根	30 g
乾燥わかめ	6 g
きゅうり	1/2本
ツナ缶（水煮）	1缶（約70 g）
A　玉ねぎ麹	大さじ1強
A　炒りごま（白）	大さじ1
A　ごま油・醤油・米酢	各大さじ1/2

下準備

・ツナ缶は、水気を切る。
・きゅうりは、細切りにする。

作り方

1 ボウルに切り干し大根、乾燥わかめ、水を入れて戻す。

2 別ボウルに水気を絞った1、きゅうり、ツナ、Aを入れて和える。

玉ねぎ麹のコールスロー

材料（2人分）

キャベツ	200g
にんじん	1/2本（約45g）
きゅうり	1本（約100g）
A　マヨネーズ	大さじ2
A　ヨーグルト	大さじ1
A　玉ねぎ麹	小さじ2
A　ブラックペッパー	適量

下準備

・キャベツ、にんじん、きゅうりは、せん切りにする。

作り方

1 ボウルに、キャベツ、にんじん、きゅうりを入れ、塩ふたつまみ（分量外）をふってもみ、10分ほどおいて水気をぎゅっと絞る。

2 Aを加えて和える。

シャキッと食感が美味しい
玉ねぎ麹で味が決まる

Memo

・野菜は塩もみすることで食感がよくなり、時間がたっても水分が出にくいので、味がぼやけない。

107

たっぷりキャベツの坦々スープ

満腹＆ヘルシー
ピリ辛濃厚でクセになる！

材料（2人分）

キャベツ …………… 1/4玉（約200 〜 230ｇ）
豚ひき肉 ………………………………… 100ｇ
豆板醤 ………………………………… 小さじ1/2
A ┌ 水 ……………………………………… 300ml
  │ **玉ねぎ麹** ………………… 大さじ1と1/2
  │ 醤油麹（醤油大さじ1/2でも代用可）
  │ …………………………………… 大さじ1/2
  │ 味噌 ………………………………… 大さじ1/2
  └ おろしにんにく …………………… 1かけ分
B ┌ 無調整豆乳 …………………………… 200ml
  └ すりごま（白） ……………………… 大さじ2
ゆで卵・ラー油 ……………………… 各適宜

下準備

・キャベツは、せん切りにする。
・ボウルに、Aを混ぜ合わせる。

Memo

・豆板醤は最初に炒めることで、辛さと香りが引き立つ。
・煮る時間は、お好みのキャベツの食感に合わせて調整する。

作り方

1 鍋にひき肉を入れて中火にかけ、色が変わるまで炒め、豆板醤を加えてさっと炒める。

2 キャベツを加え、油を絡めるように炒める。

3 Aを加え、フタをして弱めの中火で5分ほど煮る。

4 Bを加えて温める。器に注ぎ、お好みでゆで卵を添え、ラー油をかける。

とうもろこしの癒されスープ

材料（2人分）

とうもろこし	1本
A〔**玉ねぎ麹**	小さじ2
塩	ふたつまみ〜お好みで
ミックスナッツ	20g
（素焼き・カシューナッツ、くるみがおすすめ）	
水	300ml
オリーブオイル	大さじ1/2

下準備

・とうもろこしは、皮をむき、芯から実を切り落とす。

甘い香りがふわっと広がり
心とからだが癒される

Memo

・甘みの少ないとうもろこしの場合は、砂糖を少量足す。

・とうもろこしを炒めるときに塩を入れ、じっくり火を入れることで、甘みがアップ。また、炒めおわったら、とうもろこしは飾り用に数粒残しておく。

・味が足りなければ、塩で調整する。

作り方

1 鍋にオリーブオイルを入れて火にかけ、とうもろこし、塩ひとつまみ（分量外）を入れ、弱めの中火で2分ほど炒める。

2 水200ml、ミックスナッツ、とうもろこしの芯を入れ、フタをして5分ほどゆでる。

3 火を止め、とうもろこしの芯を取り出し、粗熱がとれたらブレンダーでペースト状に撹拌する。

4 再び火にかけ、残りの水100ml、Aを入れて味を調える。器に盛り、とうもろこしの実をのせ、オリーブオイル（分量外）を回しかける。

玉ねぎ麹ドレッシング

材料（2人分）

玉ねぎ麹	大さじ1
オリーブオイル	大さじ1と1/2
りんご酢	大さじ1/2
はちみつ	小さじ1/2

サラダや肉料理に大活躍！
添加物不使用でからだに優しい

Memo

- トロっとするまで混ぜること。
- りんご酢をバルサミコ酢に変えると、洋風な味わいに。
- お好みで、ブラックペッパーを加えても◎。

作り方

すべての材料を混ぜ合わせる。

Part 4

中華料理を本格的な味わいに格上げ！

「中華麹」を使ったおかず

生姜や長ねぎ、にんにくなどの香味野菜と、旨み成分を豊富に含む桜海老を麹に混ぜて作る「中華麹」。香りや風味がよく、中華だしや鶏がらスープの素の代わりとして、炒め物や和物、スープなど、幅広い料理に活用できます。

「中華麹」の作り方

中華だしや鶏がらスープの素の代わりに！

炒めものやスープはもちろん、和物に入れるだけでも美味しさが格段にアップ！　香味野菜と桜海老の豊かな香りとコク深い味わいで、普段の料理を格上げしてくれます。無添加でからだに優しいのもうれしいポイント。

でき上がりの目安
・米麹の粒が手でつぶれ、芯が残っていない。

材料（作りやすい分量）

乾燥米麹（生米麹でも可）・・・・・・・・・・・・・・・・・・・・・・・・・・・・・100ｇ
長ねぎ・・1本（約100ｇ）
生姜・にんにく・・・・・・・・・・・・・・・・・・・・・・・・・・・・・各40ｇ（正味）
天然塩・・40ｇ
桜海老（干しアミでも可）・・・・・・・・・・・・・・・・・・・・・・・・・・・・20ｇ
水・・・・・・・・・・・・・・・・・・・・100ml（生米麹の場合は80ml）

下準備

・米麹が固まっていれば、手でほぐす。
・保存容器はアルコール消毒などをし、清潔にしておく。
・長ねぎ、生姜、にんにくは、攪拌しやすい大きさに切る。

作り方

1 ボウルに米麹と塩を入れ、混ぜ合わせる。

2 長ねぎ、生姜、にんにく、桜海老、水をミキサーなどに入れ、攪拌してペースト状にする。

3 1、2を保存容器に移し、混ぜ合わせる。

4 常温、またはヨーグルトメーカーで発酵させる。
　　＜常温で発酵させる場合＞
・1日1回かき混ぜる。
・夏場だと4日〜1週間、冬場だと10日〜2週間を目安に直射日光の当たらない場所において保管する。
　　＜ヨーグルトメーカーで発酵させる場合＞
・60度、8時間にセットし、スタートボタンを押す。
・2〜3時間に1回かき混ぜる。

Point

・中華だしの代わりとして使用する場合は、1.5〜2倍の量を目安に使用する。
・青緑色などに色が変化することがあるが、問題なく食べられる。
・生姜は、汚れている部分はスプーンなどでそぎ落とし、皮つきのまま使用する。
・発酵時は、発酵ガスによる破裂を防ぐため、フタを軽くのせる程度にする（ほこりが気になる場合は、キッチンペーパーをかぶせて輪ゴムで留める）。

豚大根の中華重ね蒸し

蒸し時間たった5分で
味が染みてお肉しっとり

材料（2人分）

大根　　　　　　　　　　　　　　　　300g
豚ロース肉（しゃぶしゃぶ用）　　　200g
中華麹　　　　　　　　　　　　　大さじ1と1/2
A［酒・醤油　　　　　　　　　　　　各大さじ1
小ねぎ（小口切り）・ごま油　　　　各適量
ラー油　　　　　　　　　　　　　　　適宜

作り方

1　豚肉は中華麹をもみ込み、15分ほどおく。大根は皮つきのまま、スライサーなどで薄切りにする。

2　フライパンに大根、豚肉の順に2層重ねる。

3　2にAを加え、強めの中火にかけてフタをする。ふつふつしはじめてから、4〜5分ほど蒸す。

4　ごま油を回しかけて小ねぎを散らし、お好みでラー油をかける。

本格麻婆豆腐

材料（2人分）

豚ひき肉	150g
絹豆腐	1丁（約300g）
長ねぎ	15cm（約50g）
にんにく（みじん切り）	1かけ分
生姜（みじん切り）	1かけ分
豆板醤	大さじ1/2

A ┌ 水 ……………………… 150ml
  │ **中華麹・**甜麺醤（テンメンジャン）
  │ …………………………… 各大さじ1
  │ 醤油 …………………… 小さじ2
  │ 酒 ……………………… 大さじ1
  └ てんさい糖 …………… 小さじ1/2

B [水・片栗粉 …………… 各大さじ1

粉山椒	適量
米油	小さじ2
長ねぎ（飾り用）	5cmほど

下準備

・長ねぎは、みじん切りにする。
・豆腐は、ひと口大に切る。
・Bは混ぜ合わせる。
・飾り用の長ねぎは、白髪ねぎにする（P73下準備を参照）。

しびれる辛さがクセになる
ごろっとお肉で食べ応えも十分

Memo

・豚ひき肉は、あまり触らずに焼くことで、ゴロっと感が出て食べ応えがアップ。
・最後にお好みでラー油をかけても美味しい。

作り方

1 フライパンに米油、にんにく、生姜、豆板醤を入れ、油となじませて弱火にかける。

2 香りが立ったらひき肉を加えて中火にし、あまり動かさずに焼きつけるように炒める。

3 A、長ねぎ、豆腐を加え、弱めの中火で5分ほど煮る。いったん火を止めてBを加えて混ぜ、中火にかけて、とろみが安定するまで1分ほど加熱する。

4 器に盛り、粉山椒をふり、白髪ねぎを添える。

豚ひき肉とかぶの麻婆

とろっとろ！
噛み締めるたび旨み広がる

材料（2人分）

かぶ……2 〜 3個（葉を含めて約430g）
豚ひき肉…………………………………150g

A	**中華麹**・味噌・みりん・酒	各大さじ1
	醤油	大さじ1/2
	オイスターソース	小さじ2
	豆板醤	小さじ1/2
	水	180mL
B	片栗粉	小さじ1
	水	小さじ2

下準備

- かぶは、実を1.5cm幅のいちょう切り、葉の部分は、食べやすい長さに切る。
- ボウルにA、Bを、それぞれ混ぜ合わせる。

Memo

- 豚ひき肉は、ごろっと感を残すために、あまり動かさずに中火で焼きつけると、食べ応えがアップ。
- 水溶き片栗粉は、一度火を止めてから加えることでだまになりにくく、そこから中火で1分ほど加熱すると、安定したとろみになる。

作り方

1 フライパンにひき肉を入れて中火にかけ、あまり動かさないように、焼きつけるように炒める。

2 かぶの実、Aを加えて混ぜ合わせ、沸騰したら弱めの中火にし、フタをして5分ほど煮る。

3 かぶの葉を加えてフタをし、さらに3分ほど煮る。

4 いったん火を止めてBを加えて混ぜ合わせ、中火にかけて1分ほど混ぜながらとろみをつける。

長いもの唐揚げ

材料（2人分）

長いも	…………………	300g
A 中華麹	…………………	大さじ1と1/2
醤油	…………………	大さじ1/2
片栗粉	…………………	大さじ2〜3
米油	…………………	適量

下準備

・長いもは、皮をむいてひと口大に切る。

Memo

・工程1で長く時間をおきすぎると、長いもから水分が出るので、5分ほどが目安。
・長いもに片栗粉をつけたら、すぐに揚げるのが美味しく仕上げるポイント。

中はホクホク、外はサクサク
食材1つで感動の美味しさ

作り方

1 ポリ袋などに、長いも、Aを入れ、もんでなじませて5分ほどおく。

2 片栗粉を、押さえつけるようにしっかりつける。
※片栗粉をつけたら、すぐ揚げる。

3 フライパンに油を入れて170〜180度に熱し、よい焼き色がつくまで揚げる。

ジャージャー麺

麺味噌ダレが絶品！
暑い日におすすめのスタミナ麺

材料（2人分）

合いびき肉	200g
れんこん	80g
乾燥しいたけ	2個
中華麺	2玉

A	水	150ml
	中華麹・味噌	各大さじ1と1/2
	酒	大さじ1
	醤油麹（醤油小さじ2でも代用可）	小さじ2
	てんさい糖	大さじ1/2
	ブラックペッパー	適量
B	片栗粉	小さじ1
	水	小さじ2
きゅうり		適量
糸唐辛子		適量
ラー油		適宜

下準備

- れんこんは、8mm角に切る。
- 乾燥しいたけは、水で戻して、8mm角に切る。
- きゅうりはせん切りにする。
- Bは混ぜ合わせ、水溶き片栗粉を作る。
- 中華麺は袋の表示通りにゆで、ざるにあげて水気を切る。

Memo

- 本来はたけのこなどが入っているが、食感が似ているれんこんを使ってお手軽に。

作り方

1 フライパンにひき肉、れんこん、しいたけを入れ、肉の色が変わるまで中火で炒める。

2 Aを加えて混ぜて、2分ほど煮る。

3 いったん火を止めてBを加えて混ぜ合わせ、再び中火にかけ、とろみが安定するまで1分加熱する。

4 器に中華麺を盛り、3をのせる。きゅうり、糸唐辛子を添え、お好みでラー油をかける。

かぶ中華粥

材料（2人分）

かぶ	1個（約100g）
ごはん	200g
中華麹	大さじ1と1/2
A 発酵生姜（すりおろし生姜大さじ1/2でも代用可）	大さじ1/2
醤油	小さじ1/2
水	500ml
炒りごま（黒）	適量
ザーサイ・三つ葉	各適量

下準備

・かぶは、いちょう切りにする。

作り方

1 鍋にA、ごはん、かぶを入れ、軽く混ぜて火にかける。沸騰したら弱火にして、フタをして8〜9分ほど煮る。

2 炒りごまを加えて塩（分量外）で味を調える。器に盛り、ザーサイ、三つ葉を添える。

炊いたごはんでパパッと！
かぶの優しい甘さがからだに染み渡る

Memo

・炊いたごはんで作ることで、手軽におかゆが作れる。

・すぐ食べない場合は、ごはんが水分を吸うので、水の量を増やすなど調整する。

中華風ねぎだく里いも

ねっとり食感がたまらない！

素朴でほっとする味

材料（2人分）

里いも ……………………………………… 400g
小ねぎ（小口切り） ……………… 6本（約40g）
A ┌ 水 ……………………………………… 120ml
　├ **中華麹** ………………………………… 大さじ1
　└ 醤油 ……………………………………… 小さじ1
ごま油 ……………………………………… 小さじ2

下準備

・里いもは皮をむき、7〜8mm幅の
　輪切りにする。

Memo

・里いもの大きさによっ
　て、加熱時間を調整す
　る。爪楊枝を刺して、
　スーッと通るくらいま
　で加熱するのが目安。
・工程3の煮詰め加減の
　目安は、ねっとりした煮
　汁が少し残っているく
　らいがベスト。

作り方

1 フライパンにAを入れ
　て混ぜる。

2 里いもを加えて火にか
　け、沸騰したら弱めの
　中火にし、フタをして
　10分ほど煮る。

3 フタを取って中火に
　し、水分を飛ばしなが
　ら煮詰める。

4 ごま油、小ねぎを加
　えて、さっと絡める。

焼きズッキーニのツナ和え

こんがりジューシーな
ズッキーニをシンプルに味わう

材料（2人分）

ズッキーニ		1本（約180g）
ツナ缶（水煮）		1缶（約70g）
A	**中華麹**	小さじ2
	醤油	小さじ1/4
	にんにく（すりおろし）	少々
	ブラックペッパー	適量
オリーブオイル		大さじ1/2

下準備

・ズッキーニは、1cm幅の輪切りにする。
・ツナは、水気を切る。

作り方

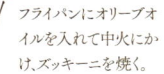

1 フライパンにオリーブオイルを入れて中火にかけ、ズッキーニを焼く。

2 両面に焼き色がついたらボウルに、1、ツナ、Aを入れて和える。

ほうれん草と切り干し大根の中華サラダ

材料（2人分）

切り干し大根		20g
にんじん		1/3本（約50g）
ほうれん草		1/2束（約100g）
A	**中華麹**	小さじ2
	醤油麹（醤油大さじ1/2でも代用可）	大さじ1/2
	ごま油	大さじ1
	すりごま（白）	大さじ2

下準備

・切り干し大根は水で戻し、水気をぎゅっと絞る。
・にんじんは細切り、ほうれん草は3cm長さに切る。

作り方

食物繊維やビタミンたっぷり
キレイになれる美肌サラダ

1 ボウルににんじん、ほうれん草を入れ、ふんわりとラップをし、600Wの電子レンジで2分加熱する。

2 軽く水気を切り、切り干し大根、Aを加えて和える。

Memo

・野菜は、さっとゆでてもOK。
・切り干し大根は、味がぼやけないようにしっかり絞る。
・荒めに刻んだナッツ類を散らすと、さらに美味しい。

121

水菜と
サクサク油揚げの中華和え

材料（2人分）

水菜	1束（約200g）
油揚げ	1枚（長方形のものを使用）

A	**中華麹**	小さじ2
	ごま油	大さじ1/2
	米酢	小さじ1/2
	炒りごま（白）	大さじ1

下準備
・油揚げは、短冊切りにする。

作り方

1 鍋に湯を沸かし、水菜を入れて1分ほどゆでる。冷水に取り、水気をぎゅっと絞って3cm長さに切る。

2 フライパンに油揚げを入れて中火にかけ、よい焼き色がつくまで焼く。ボウルに、水菜、油揚げ、Aを入れて和える。

水菜の食感が絶品

カリッと焼いた油揚げと

Memo
・味が足りない場合は、塩（分量外）で調える。
・水菜はさっとゆでることで、シャキッと食感を残しつつ、食べやすくなる。

中華じゃこブロッコリー

材料（2人分）

ブロッコリー ……………………… 1株
ちりめんじゃこ ………………… 30g
A ┌ にんにく（みじん切り）…… 1かけ分
　└ 鷹の爪（輪切り）………… 1本分
中華麹 ……………………… 大さじ1
ブラックペッパー ……………… 適量
ごま油 ……………… 大さじ1と1/2

下準備

・ブロッコリーは、小房に分ける。芯の部分
　は厚めに皮をむき、食べやすい大きさに
　切る。

作り方

1 耐熱ボウルにブロッコリーを入れ、ふんわりとラップをして、600Wの電子レンジで3分加熱し、水気を切る。

2 フライパンにごま油、Aを入れて弱火にかけ、香りがたったら中火にし、ブロッコリー、ちりめんじゃこ、中華麹を入れてさっと炒める。器に盛り、ブラックペッパーをかける。

ブロッコリーを主役に！
おつまみにも副菜にもおすすめ

123

にんじんの中華ナムル

お弁当の彩りにも最適

レンジで加熱して和えるだけ

材料(2人分)

にんじん	1本(約130g)
A ┌ ごま油	大さじ1
中華麹	大さじ1/2
炒りごま(白)	大さじ1/2
└ 塩	ふたつまみ

下準備
・にんじんは、せん切りにする。

作り方

1 ボウルににんじんを入れてふんわりとラップをし、600Wの電子レンジで3分加熱する。

2 Aを加えて和える。

Memo
・少しおいて味をなじませると、さらに美味しさがアップ。

レタスの中華ナムル

材料(2人分)

レタス	1/2玉(約200g)
A ┌ **中華麹**・ごま油	各大さじ1
└ 塩昆布	8g
炒りごま(白)	適量

作り方

1 耐熱ボウルに食べやすい大きさに手でちぎったレタス、Aを加えて絡める。

2 ふんわりとラップをし、600Wの電子レンジで1分30秒加熱する。器に盛り、炒りごまをふる。

甘みの増したレタスが絶品

レタス半玉がペロリと消える

Memo
・レタスに調味料を絡める際は、手で絡めると味がなじみやすいのでおすすめ。

ユッケジャンスープ

材料（2人分）

豚こま切れ肉		150g
玉ねぎ		1/2個（120g）
ニラ		1/2束（約50g）
しめじ		100g
A	醤油麹（醤油大さじ2でも代用可）	大さじ2
	みりん・酒	各大さじ1
B	水	500ml
	中華麹・コチュジャン	各大さじ1
すりごま（白）		大さじ2
炒りごま（白）		適量
糸唐辛子		適量

下準備

・玉ねぎは1cm幅のくし切り、
　ニラは3cm長さに切る。
・しめじは、石づきを切り落とし、手で割く。

ごまと麹のＷの力で
濃厚＆コク深い味わいに

作り方

1
鍋に豚肉、Aを入れて
中火で炒める。肉の色
が変わったら、玉ねぎ、
しめじ、Bを加えて混
ぜ、弱めの中火で4分
ほど煮る。

2
ニラ、すりごまを加えて
さっと煮る。器に注ぎ、
炒りごまをふって糸唐
辛子を添える。

Memo

・最初に豚肉と調味料を
　炒めることで、豚肉に
　しっかり味がつき、奥行
　きのある味わいに。
・辛いのが苦手な方は、コ
　チュジャンの量を調整
　する。

とろとろ白菜の旨塩スープ

材料（2人分）

白菜	1/8個（約280〜300ｇ）
豚バラ肉	100ｇ
えのきたけ	1/2袋
中華麹	大さじ1
A ┌ 水	500ml
├ 醤油	大さじ1
└ 天然塩	小さじ1/4
ごま油	適量
ブラックペッパー	適量

下準備

- 白菜は、3〜4cm幅に切る。
- 豚肉は、食べやすい大きさに切る。

作り方

1
豚肉に中華麹をもみ込み、15分ほどおく。鍋に白菜、塩ひとつまみ（分量外）をふってなじませ、弱火にかける。フタをして、たまに混ぜながら10分ほど蒸す。

2
えのき、豚肉、Aを加え、豚肉の色が変わるまで3分ほど煮る。器に注ぎ、ごま油をかけ、ブラックペッパーをふる。

Part 5

料理のマンネリ防止に大活躍

「にんにく麹」を
使ったおかず

にんにくチューブは添加物が気になるという方や、料理のたびに少量の
にんにくをすりおろすのが手間だと感じている方におすすめしたい「に
んにく麹」。生のにんにくよりも香りや辛みがマイルドで、料理と調和し、
香りや旨みを引き出してくれます。

「にんにく麹」の作り方

にんにくのパンチが加わり料理の幅がアップ

保存期間
冷蔵庫で約2ヶ月
冷凍庫で約4ヶ月

塩麹の材料に、にんにくを加えて作るにんにく麹。にんにくの香りや味がアクセントとなり、料理の幅が広がります。また、栄養価の高いにんにくを加えることで、健康効果も期待できます。

でき上がりの目安
・にんにくの刺激のある香りが柔らかくなり、
　塩気がまろやかになっている。
・米麹の粒が手でつぶれ、芯が残っていない。

材料（作りやすい分量）

乾燥米麹（生米麹でも可） ……………………………… 100g
にんにく …………………………………… 50g（正味）
天然塩 …………………………………………………… 35g
水 ………………………… 130ml（生米麹の場合は100ml）

下準備

・米麹が固まっていれば、手でほぐす。
・保存容器はアルコール消毒などをして、清潔にしておく。

作り方

1 ボウルに米麹と塩を入れ、混ぜ合わせる。

2 にんにく、水をミキサーなどに入れ、攪拌してペースト状にする（にんにくは、すりおろしても可）。

3 1、2を保存容器に移し、混ぜ合わせる。

4 常温、またはヨーグルトメーカーで発酵させる。
＜常温で発酵させる場合＞
・1日1回かき混ぜる。
・夏場だと4日〜1週間、冬場だと10日〜2週間を目安に直射日光の当たらない場所において保管する。
＜ヨーグルトメーカーで発酵させる場合＞
・60度、8時間にセットし、スタートボタンを押す。
・2〜3時間に1回かき混ぜる。

Point

・にんにくの匂い移りを防ぐため、保存容器はガラス瓶がおすすめ。
・にんにくの成分により色が青緑っぽくなることがあるが、問題なく食べられる。
・にんにくの芽が気になる場合は、取り除く。
・発酵時は、発酵ガスによる破裂を防ぐため、フタを軽くのせる程度にする
（ほこりが気になる場合は、キッチンペーパーをかぶせて輪ゴムで留める）。

豚肉と玉ねぎの
にんにく味噌炒め

フライパン1つで簡単！
ごはんがすすむ白米泥棒

材料（2人分）

豚こま切れ肉	……	150g
玉ねぎ	……	1/2個（約120g）
にんにく麹	……	小さじ2
A みりん	……	大さじ2
味噌	……	大さじ1
にんにく麹	……	小さじ1
ブラックペッパー	……	適量
米油	……	大さじ1/2

下準備

・玉ねぎは、薄切りにする。

作り方

1 豚肉に、にんにく麹をもみ込み、15分ほどおく。フライパンに米油を入れて中火にかけ、豚肉を入れて色が変わるまで焼く。

2 玉ねぎを加え、しんなりするまで2分ほど焼く。

3 Aを加え、汁気を飛ばしながら絡める。

4 器に盛り、ブラックペッパーをふる。

豚キャベツ蒸し旨ねぎダレ

材料（2人分）

豚こま切れ肉	130g
キャベツ	200g
にんにく麹	大さじ2
酒	大さじ3

A
- 小ねぎ（小口切り） ……… 1本分
- 醤油麹（醤油大さじ1でも代用可） ……… 大さじ1
- 米酢 ……… 大さじ1
- 炒りごま（白） ……… 大さじ1
- ごま油 ……… 大さじ1/2

下準備

・キャベツは、せん切りにする。
・小ボウルに、Aを混ぜ合わせる。

蒸し煮でお肉しっとり
旨みと甘さが引き立つ

作り方

1 豚肉に、にんにく麹をもみ込み、15分ほどおく。

2 フライパンにキャベツを入れ、1の豚肉をのせる。

3 酒を回し入れて強めの中火にかけ、ふつふつしてきたらフタをし、3分30秒〜4分ほど蒸す。

4 全体にAをかけ、器に盛る。

カリカリ豚のサムギョプサル風

材料（2人分）

豚こま切れ肉	200g
サニーレタス・大葉	各適量
にんにく麹	大さじ1と1/2

A
- みりん ……… 大さじ1
- 醤油麹（醤油大さじ1/2でも代用可）・味噌 ……… 各大さじ1/2
- **にんにく麹**・コチュジャン・てんさい糖・米酢・ごま油・炒りごま（白） ……… 各小さじ1

米油	大さじ1

下準備

・小ボウルに、Aを混ぜ合わせる。
・みりんは少し深めの耐熱容器に入れ、ラップをせずに、600Wの電子レンジで50秒加熱して煮切る。

豚こまで簡単＆お得に作る
食べ応えも満点のひと品

Memo

・麹調味料は焦げやすいので、様子をみながら焼くこと。

作り方

1 豚肉に、にんにく麹をもみ込み、15分ほどおく。

2 フライパンに米油を入れて中火にかけ、1の豚肉をぎゅっと丸めて平らにし、形を整えながら入れて両面をこんがり焼く。

3 器にレタス、大葉を敷き、2をのせてAを添える。レタスや大葉に包んでいただく。

コク旨辛キムチ鍋

材料（2人分）

玉ねぎ	1/2個
長ねぎ	1本
小ねぎ	3本
えのきたけ	1袋
豆腐	1/2丁（約150g）
豚バラ肉	200g
白菜キムチ	250g
豆板醤	小さじ2〜

	水	600ml
	酒	大さじ2
	味噌	大さじ1と1/2
A	**にんにく麹**	大さじ1
	醤油麹（醤油大さじ1でも代用可）	
		大さじ1
	みりん	大さじ1

ごま油	小さじ2
炒りごま（白）	適量

下準備
・野菜は、食べやすい大きさに切る。
・えのきたけは、石づきを切り落とし、手で割く。
・ボウルに、Aを混ぜ合わせる。

炒めて煮込むの2ステップで旨みとコクが格段にアップ

Memo
・野菜やきのこなどの具材は、お好みのものでOK。
・豚肉を炒めるタイミングで豆板醤を入れると、辛みが引き立ち、風味豊かに。量はお好みで調節可。
・キムチを炒めることで、旨みとコクがアップする。

作り方

1 鍋にごま油を入れて中火にかけ、豚肉を炒める。肉の色が変わったら豆板醤を加え、さっと炒める。

2 1にキムチを加え、汁気を飛ばしながら炒める。

3 2に小ねぎ、炒りごま以外のすべての食材、Aを加えて火にかけ、沸騰したら弱めの中火にし、フタをして6分ほど煮る。

4 3に小ねぎを加え、炒りごまをふる。

鶏肉とキャベツの
ガーリック酒蒸し

材料（2人分）

鶏もも肉	1枚（約300g）
キャベツ	300g
にんにく麹	大さじ2
酒	大さじ3
小ねぎ（小口切り）	適量

下準備

・キャベツは、ひと口大に切る。

Memo

・春キャベツで作る場合は、キャベツの水分量が多いため、酒の量を大さじ2に減らして調節する。
・鶏肉の大きさによって、様子をみながら加熱時間を調節する。

蒸し煮で旨みを凝縮
シンプルなのに極上の美味しさ

作り方

1 鶏肉に、にんにく麹をもみ込んで、30分以上おく。

2 フライパンにキャベツを敷き、その上に鶏肉をのせる。酒を加えて火にかけ、煮立ったら弱めの中火にし、フタをして5〜6分ほど蒸す。

3 全体を絡めて器に盛り、小ねぎを散らす。

生ハムキャベチー春巻き

材料（2人分）

キャベツ ……………………… 130 g
生ハム ……………… 5枚（ハーフサイズ）
春巻きの皮 ……………………… 6枚
A［ ミックスチーズ ……………… 60 g
　　にんにく麹 ……………… 小さじ2
　　ブラックペッパー ……………… 適量
米油 ……………………………… 適量
レモン …………………………… 適宜

下準備

・キャベツは、せん切りにする。

にんにくやペッパーのアクセントで
お酒のおつまみにもぴったり

Memo

・春巻きをサクっときれい
　に揚げるコツは①170～
　180度ほどの高めの温度
　で揚げること。②具材は
　しっかり粗熱をとってか
　ら巻くこと。③空気が入ら
　ないように、皮をきつめに
　巻くことの3つ。
・温め直すときは、電子レン
　ジを使うとべちゃっとな
　るため、トースターなどを
　使うのがおすすめ。

作り方

1 耐熱ボウルにキャベ
ツ、手で割きながら生ハ
ムを入れる。ふんわりと
ラップをし、600Wの
電子レンジで1分30秒
加熱する。

2 1にAを加えて混ぜ、
粗熱をしっかりとる。

3 春巻きの皮に2を適
量ずつのせて包み、巻
き終わりに水をつけて
閉じる。

4 フライパンに米油を入
れて170～180度に熱
し、両面がきつね色に
なるまで揚げる。器に盛
り、お好みでレモンを
添える。

タコとレタスのペペロンチーノ

柑橘の香りさわやか
見た目もおしゃれなひと品

材料（2人分）

パスタ（乾燥）	200g
ゆでタコ	130g
レタス	3～4枚（約130g）
生ハム	5枚ほど
A　水	500ml
にんにく麹	大さじ2
オリーブオイル	大さじ1
鷹の爪（輪切り）	1本分
オリーブオイル　大さじ1（仕上げ用）	
醤油	小さじ1
レモン（レモン汁大さじ1/2でも代用可）	1/4個
レモン（スライス）	適量
ブラックペッパー	適量

下準備

・タコは、ひと口大に切る。
・レタス、生ハムは、食べやすい
　大きさに手でちぎる。

Memo

・パスタがフライパンに入らない場合
　は、パスタを半分に折ってから入れる。
・火加減によって早い段階で水分が少な
　くなった場合は、水を足して調節する。

作り方

1　フライパンにA、生ハ
　ムを入れて混ぜる。

2　火にかけ、ふつふつし
　てきたらパスタを加
　え、弱めの中火にし
　て、袋の表示時間より
　少し短めにゆでる（パ
　スタがくっつかないよ
　うに、つと混ぜる）。

3　ゆで時間残り2分で、
　レタス、タコを加えて
　混ぜ合わせる。ゆで
　時間残り1分になった
　ら火を強め、水分を飛
　ばしながら煮詰める。

4　3に醤油、オリーブオ
　イル、レモン（スライ
　ス）を加え、レモンを
　絞り、ブラックペッパー
　をふって絡める。

彩り野菜のビビンバ

材料（2人分）

合いびき肉	150g
ピーマン	2個
にんじん	1/2本（約70g）
豆もやし	1/2袋（約100g）
A 醤油麹（醤油大さじ1/2でも代用可）・コチュジャン・みりん	各大さじ1/2
にんにく麹	大さじ1と1/2
ごま油	小さじ1
ごはん	お茶碗2杯分
卵黄	適宜
炒りごま（白）	適量

下準備

・ピーマンはヘタと種を除き、細切りにする。
・にんじんは、細切りにする。

麹をつけて蒸し焼きにした野菜が格別！ 彩りも鮮やか

Memo

・フライパンにそれぞれ野菜を並べて蒸し焼きにすることで、フライパンで一気に調理でき、盛りつけも美しく仕上がる。

作り方

1 フライパンにごま油を入れ、ピーマン、にんじん、豆もやしをそれぞれ並べ、にんにく麹を加えて軽く絡める。

2 中火にかけ、フタをして3分30秒ほど蒸し焼きにし、いったん取り出す。

3 2のフライパンにひき肉を入れ、中火にかけて色が変わるまで炒め、Aを加えて絡める。

4 器にごはんを盛り、2、3をそれぞれ盛りつける。中央に卵黄をのせ、炒りごまをふる。

半熟卵の新玉旨ダレ漬け

材料（2人分）

新玉ねぎ	約80g（約1/3個）
卵	3個
A にんにく麹・醤油麹（醤油大さじ1でも代用可）・みりん	各大さじ1
A ごま油	大さじ1/2
A 豆板醤	小さじ1/2
A 鷹の爪（輪切り）	1本分

下準備

・新玉ねぎは、みじん切りにする。
・みりんは、少し深めの耐熱容器に入れ、ラップをせずに600Wの電子レンジで50秒加熱して煮切る。

Memo

・新玉ねぎがない場合は、普通の玉ねぎで作ってもよい。

作り方

1 鍋に湯を沸かし、卵を入れて7分30秒ゆで、冷水に落として殻をむく。

2 ボウルに新玉ねぎを入れ、ふんわりとラップをして600Wの電子レンジで1分加熱する。

3 2にAを加え、混ぜ合わせる。

4 手で半分に割ったゆで卵を加えて優しく絡め、冷蔵庫で2時間ほど冷やす。

大人のタコポテサラ

にんにく麹に、こしょうと山椒の
アクセントで大人の味わいに

材料（2人分）

じゃがいも	2〜3個（約250g）
ゆでタコ	100g
きゅうり	1本
にんにく麹	大さじ1
A ┌ マヨネーズ	大さじ1と1/2
├ オリーブオイル	大さじ1/2
├ レモン果汁	小さじ1
├ ブラックペッパー	たっぷり
└ 粉山椒	たっぷり
レモン	適宜

下準備

- じゃがいもは皮をむいて芽を取り、ひと口大に切る。
- タコは、ひと口大に切る。
- きゅうりは、輪切りにする。

Memo

- 工程1は、じゃがいもに爪楊枝を刺して、スーッと通ればOK。
- 麹調味料の酵素は、じゃがいもなどのデンプンを含む食材を溶かしてしまうので注意が必要。じゃがいもが熱いうちににんにく麹を絡め、酵素の力を止めるのがポイント。

作り方

1 鍋にじゃがいも、少量の水を入れて火にかけ、沸騰したら弱めの中火にし、フタをして15分ほどゆでる。

2 水分を捨てて再び火にかけ、じゃがいもが熱いうちに、にんにく麹を絡める。

3 ボウルに2を入れ、マッシャーでつぶす。

4 3にタコ、きゅうり、Aを加えて和える。器に盛り、お好みでレモンを添える。

ハッセルバックポテト

材料（2人分）

じゃがいも	…………	5 〜 6個（約420g）
A オリーブオイル	…………	大さじ2
にんにく麹	…………	大さじ1
タイム	…………	適量
ピンクペッパー		
（ブラックペッパーでも可）	…………	適量

下準備

・小ボウルに、Aを混ぜ合わせる。
・オーブンを200度に予熱する。

作り方

1
じゃがいもは、皮つきのまま芽があれば取り除く。じゃがいもを挟むように菜箸を置き、下5mmほど残すように、2 〜 3mm幅に切り込みを入れる。

2
耐熱皿にじゃがいもを置き、切り込みにタイムをところどころ挟んで、Aを塗る（天板にオーブンシートを敷き、その上にじゃがいもをのせてもよい）。

3
200度のオーブン上段で、25分焼く。いったん取り出してタイムを添え、下段に入れてさらに20分焼く。取り出し、ピンクペッパーを散らす。

表面はカリッと、中はホクホク
おもてなしにも最適

Memo

・オーブンの上段・下段がない場合は、焦げないように、工程3でオーブン温度を180度くらいに下げて調整する。または、アルミホイルをかぶせてもOK。

青菜のにんにく麹炒め

にんにく麹と塩で味が決まる
辛みと旨みのバランスが絶妙

材料（2人分）

小松菜		1束（約200g）
A	オリーブオイル	大さじ1
	にんにく麹	小さじ2
	酒	小さじ1
	鷹の爪（輪切り）	1本分
	桜海老	大さじ1/2
天然塩		ふたつまみ

下準備

・小松菜は、3cm幅に切る。

作り方

1 フライパンに小松菜、Aを入れて強めの中火にかけ、1分ほど炒める。

2 塩で味を調える。

> **Memo**
> ・青菜は水が出やすいので、強めの中火であまり触りすぎずにさっと炒めて、食感を残すくらいがベスト。

キャベツのにんにくアンチョビ炒め

材料（2人分）

キャベツ		200g
アンチョビフィレ		3枚
鷹の爪（輪切り）		1本分
A	**にんにく麹**・酒	各小さじ1
	ブラックペッパー	適量
オリーブオイル		大さじ

下準備

・キャベツは、ひと口大に切る。

作り方

1 フライパンに、オリーブオイル、アンチョビフィレ、鷹の爪を入れて中火にかけ、アンチョビフィレをほぐす。

2 キャベツ、Aを加えて炒める。

さっと炒めるだけで
極上おつまみの完成！

141

焼き野菜のシーザーサラダ

材料（2人分）

とうもろこし	………………	1本
アスパラガス	………………	5本
天然塩	………………	ふたつまみ

A
プレーンヨーグルト	………	大さじ2
粉チーズ	………………	大さじ1
にんにく麹	………	大さじ1/2
オリーブオイル	………	小さじ1弱
ブラックペッパー	………	たっぷり

クルトン	………………	適宜
米油	………………	小さじ1

下準備

・とうもろこしは、長さを3等分にし、さらに4等分に切る。
・アスパラガスは、根元から1/3ほどの固い部分の皮をピーラーなどでむき、半分に切る。
・小ボウルに、Aを入れて混ぜ合わせ、シーザードレッシングを作る。

香ばしさととうもろこしの甘みが引き立つ

作り方

1 フライパンに米油を入れて中火にかけ、とうもろこし、アスパラガスを入れて塩をふり、よい焼き色がつくまで焼く。

2 器に盛り、Aをかけてクルトンを散らす。

Part 6

まだまだある変わり種麹！

「アレンジ麹」を
使ったおかずとおやつ

麹生活に慣れてきたらぜひ試してほしい、ちょっぴり変わった4つのアレンジ麹をご紹介します。いずれも健康効果が高く、普段の料理をさらに美味しく引き立ててくれます。「リッチチョコレート麹」は、ヘルシーなおやつを食べたい方におすすめです。

「納豆麹」

ネバネバパワーで最強腸活!

米麹に納豆を加えることで、腸内環境を整える働きがさらにパワーアップ。ほかにも、消化促進や免疫力アップ、血液サラサラなど、たくさんのからだによい効果が期待できます。

でき上がりの目安
・米麹が柔らかくなったら、食べごろの目安。

材料（作りやすい分量）

乾燥米麹（生米麹でも可）	100g
納豆	3パック（約120g）
にんじん	1/3本（約40g）
塩昆布	10g
炒りごま（白）	30g
A［醤油・酒	各大さじ3と小さじ1

下準備
・にんじんはせん切りにする。
・米麹は、固まっていれば手でほぐす。
・保存容器はアルコール消毒などをし、清潔にしておく。

Point
・水分量が足りず、2〜3日たっても米麹の芯が残っている場合は、水、醤油を大さじ1ずつを加えて様子をみる。
・米麹の酵素は、70度以上で失活してしまうことが多いため、工程1では必ず60度以下になるまで冷ます。

作り方

1 鍋にAを入れて火にかけ、にんじんを加えてさっと火を通す。火を止め、60度以下になるまで冷ます。

2 保存容器に、米麹、塩昆布、炒りごま、納豆を入れる。

3 2に1を加え、清潔なスプーンなどで全体を混ぜ合わせ、冷蔵庫で2〜3日寝かせる。

納豆麹チャーハン

材料（2人分）

ごはん	300g
卵	2個
納豆麹	130gほど
長ねぎ	15cm（約50g）
A┌天然塩	小さじ1/8
└こしょう	適量
ごま油	小さじ1

下準備

・長ねぎは、みじん切りにする。
・卵は溶く。

パラっと香ばしい
手軽に栄養もチャージ！

Memo

・ごはんは、温かいほうが
混ぜやすく、パラパラに
仕上がりやすい。
・長ねぎの緑の部分を使
うと、彩りがきれいに仕
上がる。

作り方

1 フライパンにごま油を
入れて中火にかけ、温
まったら溶き卵を流し
入れ、全体を大きく混
ぜる。

2 半熟になったらごはん
を加え、ヘラなどで切
るように全体を混ぜ
合わせる。

3 納豆麹、長ねぎを加
え、混ぜながら炒める。

4 Aを加えて味を調え
る。

納豆チーズオムレツ

Wの発酵パワーできれいに！手軽に作れるので朝食にも◎

Memo

・麹調味料は焦げやすいので、様子をみながら焼くこと。

材料（2人分）

納豆麹	50g
卵	2個
A 塩麹（天然塩小さじ1/2強でも代用可）	大さじ1/2弱
こしょう	適量
スライスチーズ	1枚
米油	小さじ1

作り方

1 ボウルに卵を入れて溶き、Aを加えて混ぜ合わせる。

2 フライパンに米油を入れて中火にかけ、1を流し入れ、全体を大きく混ぜる。

3 半熟になったら、納豆麹、スライスチーズをのせて包む。

納豆麹トースト

材料（2人分）

納豆麹 ……………………… 適量
食パン ……………………… 1枚
A ┌ マヨネーズ ……………… 小さじ2
　└ からし …… 小さじ1/4〜お好みで
ミックスチーズ ……………… 適量

作り方

1 食パンに、Aを塗る。

2 納豆麹をのせてチーズを散らし、よい焼き色がつくまでトースターで焼く。

食パン×納豆の相性抜群
アレンジも無限大！

Memo

・からしの量は、お好みで
　増やして調節する。

カレー麹

いつものカレーがお店の味に！

カレールウの代わりに使えるカレー麹。小麦粉やバター不使用で、無添加で作れるのもうれしいポイント。カレー粉は塩や砂糖などが入っていない、無添加のものを選ぶのがおすすめです。

でき上がりの目安
・米麹が柔らかくなったら、食べごろの目安。

Point
・保存容器は、カレーの色や匂い移りを防ぐため、ガラス瓶がおすすめ。
・カレー麹は、ブレンダーにかけてペースト状にすると使いやすい。
・カレー粉は、スパイシーな味わいが好きな方は、クミン・コリアンダー・ターメリックなどの基本のスパイスに唐辛子などの香辛料が入っているものを選ぶ。辛いのが苦手な方やお子さま用で作る場合は、香辛料が入っていないものを選ぶ。

材料（作りやすい分量）

乾燥米麹（生米麹でも可）	100g
玉ねぎ	1/2個（約120g）
天然塩	55g
にんにく・生姜	各15g
カレー粉	40g
トマトジュース（無塩）	200ml

下準備
・玉ねぎは、ひと口大に切る。
・米麹は、固まっていれば手でほぐす。
・保存容器はアルコール消毒などをして、清潔にしておく。

作り方

1 ボウルに米麹、塩を入れ、全体を混ぜ合わせる。

2 ミキサーなどに玉ねぎ、にんにく、生姜を入れ、撹拌してペースト状にする。

3 保存容器に材料すべてを入れて、混ぜ合わせる。常温、またはヨーグルトメーカーで発酵させる（発酵方法は塩麹P17参照）。発酵時、フタは軽くのせる程度に。

基本のカレーライス

材料（2人分）

豚バラ肉	200g
塩・こしょう	各適量
玉ねぎ	1個（約240g）
じゃがいも	2〜3個（約200g）
にんじん	1/2本（約70g）
水	500ml
カレー麹	大さじ6
B[片栗粉・水	各大さじ1と1/2
ごはん	適量

下準備

- 玉ねぎは、8等分のくし切りにする。
- じゃがいもは、皮をむいて芽を取り、ひと口大に切る。
- にんじんは、ひと口大に切る。
- ボウルにBを混ぜ合わせ、水溶き片栗粉を作る。

少ない調味料でプロの味に！

カレー麹1つで味が決まる

作り方

1 鍋を中火にかけ、豚肉を入れ、塩、こしょうをふって炒める。

2 玉ねぎ、じゃがいも、にんじんを加え、全体を混ぜ合わせる。

3 水を加えて沸騰したらアクを取り、カレー麹を加えて溶かす。弱めの中火でフタをして10分ほど煮込み、フタを取ってさらに中火で10分ほど煮る。

4 いったん弱火にしてBを加えて混ぜ合わせ、再び中火にし、とろみが安定するまで1分加熱する。ごはんとともに、器に盛る。

149

鶏肉のスパイシーココナッツカレー

やみつき必至の本格的な味わいに「カレー麹＋スパイス」で

材料（2人分）

鶏もも肉	1枚（約300g）
玉ねぎ	1/2個（約120g）
にんにく・生姜	各1かけ分
天然塩	小さじ1/2（肉の下味用）
こしょう	適量（肉の下味用）

A	**カレー麹**	大さじ3
	コリアンダー（パウダー）	大さじ1/2
	クミン（パウダー）	小さじ1
	チリペッパー（パウダー）	小さじ1/8 〜

B	ココナッツミルク	1/2缶（約200ml）
	水	100ml

米油	大さじ1/2
ライム	適量
お好みのハーブ	適量
ごはん	適量
パプリカパウダー	適量

下準備

- 鶏肉は半分に切り、塩、こしょうをふる。
- 玉ねぎ、にんにく、生姜は、みじん切りにする。

Memo

- 辛みが足りない場合は、チリペッパーを増やすと、よりスパイシーに仕上がる。

作り方

1 鍋に米油を入れて中火にかけ、鶏肉を入れて両面によい焼き色をつけたらいったん取り出す。

2 1に米油適量（分量外）を足し、玉ねぎ、にんにく、生姜を加え、玉ねぎが透明になるまで炒める。

3 2にAを加えて粉気がなくなるまで絡め、Bを加えて混ぜ合わせる。1の鶏肉を戻し入れ、弱めの中火でフタをして6分ほど煮る。

4 味見をし、足りなければ塩（分量外）で味を調える。器にごはんとともに盛り、お好みのハーブ、ライムを添え、パプリカパウダーをふる。

タンドリーチキン

材料（2人分）

鶏もも肉	1枚（約300g）
A プレーンヨーグルト	50g
カレー麹	大さじ1と1/2
レモン・葉物	各適量

作り方

1 ポリ袋などにAを入れて混ぜ合わせ、鶏肉を入れてもみ込み、冷蔵庫で3時間以上おく。

2 オーブンを220度に予熱する。天板にオーブンシートを敷いて1を置き、15分ほど焼く。切り分けて器に盛り、お好みで葉物、レモンを添える。

漬けて焼くだけ
しっとり柔らかでごはんがすすむ

Memo

・鶏肉に火が入っていない場合は、加熱時間を調節する。

市販の甘酒を使って手軽に

「自家製 コチュジャン」

コチュジャンは、もち米麹と唐辛子の粉などで作る韓国の発酵調味料。市販のものは水飴などが使われていることがありますが、今回は、甘酒をメインに、自然な甘みに仕上げました。辛みはお好みで調節してください。

材料（作りやすい分量）

濃縮甘酒（P14参照）	100g
韓国唐辛子	20g
味噌	大さじ1
醤油	小さじ1

作り方

保存容器にすべての材料を入れて、混ぜ合わせる。

Point

・唐辛子は「韓国産」のものを使用する。
・細挽きと粗挽きを半量ずつ使うのがおすすめですが、どちらか1種類で作ってもよい。

切り干し大根の腸活チャプチェ

材料（2人分）

牛こま切れ肉	150g
切り干し大根	30g
パプリカ（赤）	1/2個（約90g）
ピーマン	2個（約80g）

A ┌ **自家製コチュジャン・醤油麹**
　（醤油大さじ1と小さじ1でも
　代用可）……各大さじ1と小さじ1
　みりん……大さじ1
　└ にんにく（すりおろし）……1かけ分

炒りごま（白）	適量
ごま油	小さじ1

下準備

・切り干し大根は、水で戻して水気を
　しっかり絞る。
・パプリカ、ピーマンは、ヘタと種を除
　き、細切りにする。

切り干し大根たっぷりで
おなかの中からきれいに！

Memo

・切り干し大根は、水気が
　残っていると味がぼやけて
　しまうので、しっかり絞る。

作り方

1 フライパンにごま油を
入れて中火にかけ、牛
肉を入れて炒める。

2 パプリカ、ピーマンを
加えて、さっと炒める。

3 切り干し大根、Aを加
えて絡める。

4 器に盛り、炒りごまを
ふる。

153

薬味たっぷり韓国風冷しゃぶ

材料（2人分）

豚ロース肉（しゃぶしゃぶ用）	150g
三つ葉	1束（約50g）
茗荷	2個
酒	大さじ2

A ┌ みりん・すりごま（白） — 各大さじ1
　 │ 米酢・ごま油 — 各大さじ1/2
　 │ 自家製コチュジャン・
　 │ 醤油麹（醤油小さじ1でも代用可）
　 └ — 各小さじ1

下準備

・みりんは、少し深めの耐熱容器に入れ、ラップをせずに600Wの電子レンジで50秒加熱して煮切る。
・三つ葉は3cm長さ、茗荷はせん切りにする。

Memo

・豚肉をゆでるときには、ごく弱火で火を通すことで、固くならずに柔らかく仕上がる。

甘辛いタレと薬味が絶妙にマッチ！

作り方

1 鍋に水、酒を入れて火にかけ、沸騰したらごく弱火にし、豚肉を数枚ずつ入れて色が変わるまでさっとゆでる。

2 豚肉をザルにあげ、水気を切る。

3 ボウルに2、Aを入れて和える。三つ葉、茗荷を加えて、さっと和える。

コチュ味噌の焼きおにぎり

材料（2人分）

ごはん		300g
大葉		3枚
A	炒りごま（白）	大さじ1
	ごま油	小さじ1弱
	天然塩	小さじ1/8
B	**自家製コチュジャン**・味噌・みりん	各大さじ1/2
炒りごま（白）		適量

下準備

・大葉は、せん切りにする。
・小ボウルに、Bを混ぜ合わせる。

作り方

1 ボウルにごはん、大葉、Aを入れて混ぜる。2等分にし、ぎゅっと握っておにぎりを作り、Bを塗る。

2 アルミホイルにごま油（適量・分量外）を塗り、その上に1を置き、よい焼き色がつくまでトースターで焼く。器に盛り、炒りごまをふる。

爽やかな大葉の風味と香ばしいピリ辛味噌がクセになる

Memo

・使用するみりんは少量なので、煮切らなくてもOK。ただし、アルコールが気になる場合は、電子レンジなどを使ってアルコールを飛ばす。
・アルミホイルに油を塗っておくと、くっつきにくい。

「リッチチョコレート麹」

「麹×ココア」で作る濃厚チョコ

米麹とココアパウダーなどで作る、砂糖とバター不使用のチョコレート風麹。ブレンダーで撹拌してなめらかにすると、まるで本物のチョコレートのような見た目と味わいに仕上がります。

材料（作りやすい分量）

乾燥米麹（生米麹でも可）……………………… 100g
純ココアパウダー …………………………………… 30g
みりん ……………………………………………… 100ml
60度の湯（水でも可） …………………………… 100ml
　　　　　　　　　（生麹の場合は、80ml〜）

下準備

・米麹は、固まっていれば手でほぐす。
・みりんは煮切る（小鍋にみりんを入れて火にかけ、沸騰したら弱めの中火にし、1分30秒ほど加熱してアルコールを飛ばし、粗熱をとる）。
・保存容器はアルコール消毒などをして、清潔にしておく。

作り方

1 保存容器に米麹、純ココアパウダーを入れて混ぜ合わせる。みりん、60度の湯を加え、さらに混ぜ合わせる。

2 ヨーグルトメーカーで発酵させる。発酵時、フタは軽くのせる程度にする。

でき上がりの目安

・米麹の粒が手でつぶれ、芯が残っていない。
・食べてみて、甘みが増している。

＜ヨーグルトメーカーで発酵させる場合＞
・60度、10時間にセットし、スタートボタンを押す。
・2〜3時間に1回かき混ぜる。

濃厚チョコバナナアイス

材料（2人分）

完熟バナナ	1本（約100g）
リッチチョコレート麹	60g
プレーンヨーグルト	60g

作り方

1 完熟バナナの実をつぶす。

2 保存容器に1、リッチチョコレート麹、ヨーグルトを入れて混ぜ合わせる。

3 2を冷凍庫で凍らせる。固まるまで2時間に1回ほど、スプーンなどを使って、空気を入れるように全体を混ぜ合わせる。

バナナとチョコレート麹の自然な甘さが引き立つ

Memo

・固める段階で、何度か混ぜて空気を含ませることで、口溶けがよくなる。

157

チョコレートムース

材料（2人分）

ギリシャヨーグルト
　（水切りヨーグルトでも代用可）…150g
リッチチョコレート麹……………70g
はちみつ……………………小さじ2
お好みのハーブ……………………適宜

作り方

1 ボウルにギリシャヨーグルト、リッチチョコレート麹、はちみつを入れ、混ぜ合わせる。

2 器に入れ、お好みのハーブを添える。

材料は3つだけ！
混ぜるだけですぐできる

ホットショコラドリンク

材料（2人分）

牛乳	300ml
リッチチョコレート麹	大さじ2
シナモン（パウダー）	適量
オレンジ	適量

作り方

1 耐熱ボウルに牛乳を入れ、600Wの電子レンジで1分30秒加熱し、リッチチョコレート麹を加えて溶かす。

2 1をカップに注ぎ入れ、シナモンパウダーをかけてオレンジを添える。

ほっと心ほぐれる
シナモン香る大人の味わい

Memo

・甘みが足りないと感じる場合は、はちみつを加えてもOK。
・冷やして飲んでも美味しい。

あやか

Nadia Artist・料理家・フードコーディネーター・発酵食エキスパート。麹調味料と出合い、自身に起きたうれしいからだと心の変化に感動し、麹のすばらしさを広める活動をはじめる。現在は、InstagramなどのSNSを中心に、麹と旬の野菜を使ったシンプルだけど、美味しくて満たされるレシピを発信。フォロワー18万人を超える人気を獲得する（2024年8月現在）。メーカーのレシピ開発や、メディア出演多数。web雑誌の連載なども担当している。
Instagram：ayaka.i_03

からだがよろこぶ、でも簡単！
麹でミニマルレシピ
Nadia Collection

2024年 9 月28日　初版発行
2025年 6 月5日　5 版発行

著者／あやか

発行者／山下直久

発行／株式会社KADOKAWA
〒102-8177　東京都千代田区富士見2-13-3
電話　0570-002-301（ナビダイヤル）

印刷所／TOPPANクロレ株式会社
製本所／TOPPANクロレ株式会社

©Nadia 2024 Printed in Japan
ISBN 978-4-04-606972-6 C0077